이기적인 개인

공감하는 도덕

우리가 타인의 슬픔에 함께 슬퍼하는 것은
너무 명백해서 증명할 필요조차 없는 사실이다

프란시스 허치슨

18세기 영국의 도덕감각학파 철학자이자 계몽주의자였다. 애덤 스미스의 스승으로 잘 알려져 있다. 인간의 마음에는 이기적 성향과는 독립된 이타적 성향이 있음을 설파했고, 보편적인 도덕감각이 있음을 주장했다.

데이비드 흄

애덤 스미스와 교우관계를 가졌던 동시대 철학자로, 스미스에게 많은 영향을 준 인물이다. 스미스가 사용했던 '공감'이나 '관찰자'의 개념은 사실 흄이 먼저 언급한 것으로서, 그는 이미 공감이라는 도덕감정이 인간본성의 한 원리이자 도덕적 판단의 기초라고 생각했었다.

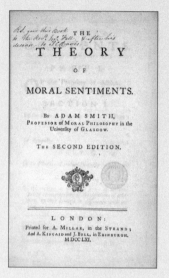

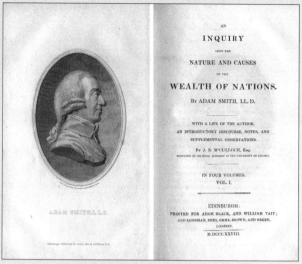

『도덕감정론』과 『국부론』의 첫 페이지들

애덤 스미스 하면 '보이지 않는 손'과 『국부론』을 먼저 떠올리겠지만, 사실 『국부론』은 『도덕감정론』이 나온 지 17년 뒤에 출간된 저작이다. 하지만 『도덕감정론』과 『국부론』은 이론적·실천적 연관성을 공유하는, 공식적으로 동일한 철학이 두 형태로 표출된 한 책과 마찬가지다. 『국부론』의 이론적 토대를 형성하는 것이 바로 『도덕감정론』이었기 때문이다.

중상주의 비판

스미스는 계급적 불평등이 존재하는 문명사회에서도 하층 계급이 풍요로운 생활을 누릴 수 있는 까닭은 교환·분업 시스템과 그에 의한 생산력의 비약적인 상승 때문이라고 지적한다. 그는 이 시스템이 사회적으로 제도화되어 상품 생산이 전면적으로 개화한 사회를 '상업사회(일종의 초기 자본주의)'라고 부르면서, 동시에 이의 제도화를 저해하는 중상주의重商主義를 비판했다. 중상주의란 '생산과 소비의 균형' 대신, 특정 계급만의 이익을 위한 '무역상의 균형'을 추구한다. 가난한 자와 소비자의 이익을 무시하고, 부자와 생산자의 이익만을 옹호한다는 것이었다.

보이지 않는 손

『도덕감정론』4부 1장에 이런 문장이 나온다. "토지의 생산물은 어느 시대에서나 그것이 먹여 살릴 수 있는 정도의 주민들을 유지시킨다. 부자는 단지 그 덩어리에서 가장 귀중하고 쾌적한 것을 선택할 뿐이다. 그들은 가난한 사람들보다 많이 소비하지도 못한다. 이기심과 탐욕에도 불구하고 (…) 그들은 (…) 산물들을 가난한 사람들과 나누어 가진다. 그들은 보이지 않는 손에 이끌려 토지가 모든 주민들에게 동등한 몫으로 분할될 때 행해지는 것과 거의 같이 생활필수품을 분배한다. 그리하여 의도하거나 알지 못하면서도 그렇게 사회의 이익을 증진시키고 종족의 증식 수단을 제공한다." 이렇게 스미스의 '보이지 않는 손'의 개념 속에는 나눔과 공감 그리고 번영의 의미가 함께 있다.

공감

스미스는 타인에 대한 배려를 공감의 존재 여부에서 찾는다. 사실 인간이 자신만의 이해관계를 추구한다고 하더라도 그게 모든 것은 아니다. 인간에게는 본성적으로 타인의 대한 동정과 연민 같은 도덕감정이 존재하기 때문이다. 몇 해 전이던가 길가의 노숙자에게 빵을 먹여주던 한 소녀가 우리의 심금을 울렸던 적이 있다. 이 소녀의 행동은 절대로 누가 시켜서 나올 수 있는 게 아니었다.

맹자

인간의 도덕감정과 배려의 차원에서 스미스와 유사하게 비교해볼 수 있는 동양 사상가로 맹자를
꼽을 수 있다. 맹자는 인仁, 의義, 예禮, 지知라는 네 가지 덕성을 꼽아 사단四端으로 정리했는데,
이 가운데 인이 '사람 그 자체'에 해당하는 개념이다. 맹자는 일상에서 타인을 배려하지 않는 행위
를 자포자기에까지 해당한다고 생각했다.

이기적인 개인
공감하는 도덕

애덤 스미스 『도덕감정론』의 한 읽기

조현수 지음

사람의무늬

일러두기

1. 이 책은 스코틀랜드의 계몽주의자였던 애덤 스미스의 사유의 정수가 담긴 『도덕감정론』을 적극적으로 읽어, 일방적으로 신자유주의 혹은 시장지상주의의 출발점으로 왜곡되고 있는 그를 공평한 평가의 장으로 불러들이기 위한 모색의 일환이다.

2. 제1부에서는 스미스의 주저인 『도덕감정론』과 『국부론』의 원문 일부를 번역해 자주 인용했다. 전자의 인용은 번역문 말미에 '부, 편, 장'의 번호만 괄호로 묶어 표기했고, 후자의 인용은 전자와의 구분을 위해 번역문 말미에 『국부론』임을 명시한 후, '부, 편, 장'의 번호를 괄호로 묶어 표기했다. 별도 단락 분량이 아닌 간단한 원문 인용의 경우엔 간단히 인용부호(" ")만으로 구분 표기했다.

3. 스미스의 두 주저를 번역·인용하면서 주로 참조한 번역서는 다음과 같다. 박세일·민경욱 옮김, 『도덕감정론』, 비봉출판사, 1996; 김수행 옮김, 『국부론』(상·하), 비봉출판사, 2006.

4. 기타 참고한 도서들을 인용할 경우엔, 책 후미의 참고문헌에 근거해 간략한 내주를 달았다.

금수저·흙수저론, 1% 대 99%의 사회 양극화, 치솟는 실업률, 정작
필요한 곳엔 없는 길 잃은 복지와 무책임한 정부, 이젠 찰나의 휴지
도 없이 터져 나오는 권력형 비리들과 기업윤리 실종 사태들, 일상
화된 모럴헤저드……. 이런 사회를 살아내야 하는 시민의 마음은 언
제나 무겁고 우울하거나 냉소와 체념 따위로 얼룩져버렸다. 비록 여
기서 구체적으로 다루지는 않았지만, 이 책을 집필하고자 했던 가장
근본적인 이유는 공황에 빠진 듯한 한국사회의 현실을 향한 이의 제
기였다.

　몇 년간 애덤 스미스를 읽고 곱씹어왔다. 특히『국부론』보다도
먼저 그를 유명하게 만든『도덕감정론』에 주목했다.『도덕감정론』을
읽고 그의 구상을 좇으면서는, 어쩌면 세상과 인간행위의 모든 본질
은 양심과 도덕의 문제로 이루어져 있지 않을까란 상상도 해보았다.

애덤 스미스는 인간 본연의 도덕감정을 토대로 사회질서가 달성될 때 최선의 국가가 이룩될 수 있다고 말한다.

사실 우리가 애덤 스미스를 기억하는 건 '보이지 않는 손'이란 그의 메타포를 둘러싼, 자유방임주의자·국가불간섭주의자·시장지 상주의자·자유무역옹호론자 정도의 맥락 없는 수사들에 불과하다. 여기서 한 발 더 나간다고 한들, 글로벌화된 신자유주의적 자본주의 질서(혹은 폐해)의 맹아를 그로부터 잡는 인식 정도이다. 하지만 이러 한 설명은 스미스 사상의 궤적을 지극히 제한한 것에 불과하다.

스미스는 『도덕감정론』을 통해, 인간본성에서 유래하는 감정들의 소통에 관한 논의를 시작했고, 사회가 존재하기 위해 요청되는 사려와 정의의 일반규칙들을 확인했으며, "완전한 자유와 정의의 자 연적 질서"를 의미하는 국가의 공적 정신은, 상인과 기업가의 도덕 적 적정성을 넘어선 탐욕스러운 행위가 타인의 자유와 행복을 침범 할 때, 이에 적극적으로 대처할 의무가 있다는 점을 분명히 지적했 다. 따라서 이 책은 스미스에게 덧씌워진 그간의 오해에 대한 적극 적인 해명의 시도이기도 하다.

이 책은 1부와 2부로 나누어져 있다. 『도덕감정론』에 대한 포괄 적인 이해를 돕는 1부에는 애덤 스미스를 읽은 필자의 입장과 그로 부터 찾아낸 현실적인 유의미성이 함께 담겨 있다. 『도덕감정론』강 독의 형식을 취한 2부는 텍스트 내부로 진입하여 원서를 목차 순으 로 차근차근 따라 읽는 데 주안을 두었고, 필자가 이해하면서 중요 하다고 판단한 주제들을 엮어 재구성한 것이다.

적극적인 해석이 또 다른 오해를 낳지는 않을까 하는 우려, 그리고 『도덕감정론』의 방대한 볼륨과 그 사상의 깊이를 너무 소략하게 만든 건 아닌가 하는 불안을 떨치지 못하지만, 이젠 참담한 세상에 내어놓고 질정의 소통을 기대하는 마음이 더 크다. 우리 현실은 여전히 스미스의 구상으로부터 너무 멀리 떨어져 있지만, 부디 이 짧은 글을 통해서나마 그가 성찰했던 공감, 그 '도덕적 감수성'이 이 땅에서 회복될 수 있기를 기원해본다.

유난스러웠던 폭염을 보내고,

필자

제2부 『도덕감정론』의 한 읽기

애덤 스미스는
누구인가

애덤 스미스Adam Smith(1723~1790)는 스코틀랜드 커콜디Kirkcaldy
에서 태어났다. 어머니 마가렛 더글라스는 1723년 1월 남편이 사망
할 당시 아이를 임신 중이었고, 같은 해 6월 5일에 이 아이의 출생신
고를 마친다. 아버지의 이름과 성을 그대로 물려받는 이 아이가 바
로 애덤 스미스다. 그의 아버지는 문벌이 좋은 변호사이자 세무 공
무원이었다.

스미스의 유년 시절에 대해서는 별로 알려진 게 없다. 세 살 때
잠깐 집시들에게 유괴됐다고 하는데, 그때를 제외하곤 상당히 유복
하게 자란 편이었다. 그리고 평생을 독신으로 살다 생을 마감했다.
스코틀랜드 커콜디 항구는 탄광산업과 철강산업의 발달로 석탄 수
출과 고철 수입이 활발히 이뤄지던 지방의 무역 중심지였다.

그는 14세가 되던 해인 1737년에 글래스고대학에 입학한다. 그

나이에 대학에 입학하는 것은 오늘날의 기준으로 볼 때 의아한 일이지만, 당시로서는 일반적이었다. 스미스는 당시 유명한 도덕철학자였던 프란시스 허치슨Francis Hutcheson(1694~1746)—자유지상주의자, 합리주의자 그리고 공리주의자였다—에게서 도덕철학을 배우고, 그로부터 영향을 받는다. 17세가 되던 해인 1740년에는 한 달간 말을 타고 이곳저곳을 여행했다고 한다.

글래스고대학을 졸업한 뒤, 1740년부터 1746년까지 옥스퍼드대학 밸리올Balliol 칼리지에서 장학금을 받아 공부했고, 그 기간이 만료되기 전인 1746년에 다시 커콜디로 돌아온다. 이후 2년 동안 문학, 물리학, 논리학 그리고 과학적 방법 등에 관한 글을 집필했다. 카메스Kames 경卿—당시 유력한 법률가이자 사상가—은 스미스에게 에든버러대학에서 영문학과 법철학에 대한 시리즈 강의를 요청했고, 이 강의들은 대단한 성공을 거둔다.

27세가 되던 해인 1751년, 스미스는 논리학, 도덕철학, 문학 그리고 수사학 등을 가르치기 위해 다시 글래스고대학으로 돌아온다. 첫해에는 논리학 교수로, 이듬해에는 허치슨 교수의 후임으로 도덕철학 교수로 활동한다.

그의 철학 강의에는 신학, 윤리학, 법학 그리고 공공정책 등이 포함됐다. 구체적으로 법학과 정책에 대한 강의에 가격체계의 작동, 보호무역주의의 결점 그리고 정부제도와 경제제도의 발전 등과 같은 내용들이 포함됐다. 사실상 이 강의가 1776년에 발간된 『국부론 *An Inquiry into the Nature and Causes of the Wealth of Nations*』에서 그 전모를 드러낸다. 오늘날 스미스를 언급하면, 거의 대부분의 사람들이

『국부론』의 저자인 스미스를 떠올린다. 특히 경제학자들은 더욱 그러한데 그들은 스미스를 자유주의 혹은 신자유주의 경제질서의 완전한 주창자로 열렬하게 인용한다.

*

그러나 본디 스미스를 유명하게 만든 것은 윤리학에 대한 그의 성찰이었다. 1759년 스미스는 윤리학에 대한 자신의 성찰을 『도덕감정론The Theory of Moral Sentiments』이라는 제목의 책으로 출간한다(『국부론』보다 햇수로 17년이 앞선다). 이 책은 사회심리학의 관점에서 인간의 도덕적 판단들에 대해 성찰한 그의 주저다. 스미스는 인간행위의 적정성을 제3자적 존재인 '공정한 관찰자impartial spectator'의 '공감 sympathy'이라는 도덕감정의 차원에서 고찰한다. 즉, 그는 사회질서의 토대를 인간의 도덕적 행위의 적정성에서 찾고 있는 것이다.

스미스의 친구였던 철학자 흄David Hume(1711~1776)은 손수이 책을 자신의 지인들에게 읽어보도록 권했다고 하며, 명망 높은 정치가였던 타운센드Charles Townshend(1725~1767)도 이 책에 깊은 감명을 받은 나머지, 아마 당시로서는 평생 지불해야 할 후한 급료로 스미스를 자신의 의붓아들인 젊은 버클루Buccleuch 공작의 가정교사로 고용했다고 한다.

1764년 스미스는 교수직을 사직하고, 청년 공작 버클루와 함께 프랑스와 스위스 등지를 여행했다. 이때 그는 볼테르 Voltaire(1694~1778)와 케네François Quesnay(1694~1774), 튀르고

Anne Robert Jacques Turgot(1727~1781) 등과 친분을 쌓았으며, 특히 케네로부터 경제학적인 영향을 받았다. 귀국 후 그는 커콜디에서 『국부론』 집필에 몰두해 1776년에 발간한다. 1778년에는 스코틀랜드 관세위원에 임명되어 활동했으며, 1787년에는 글래스고대학의 명예총장으로 취임한다.

커콜디에서 집필 활동으로 여러 해를 보내며 건강이 나빠졌지만, 런던으로 옮기고 나서는 건강을 회복한다. 이 기간 동안 그는 화가인 조슈아 레이놀즈Joshua Reynolds(1723~1792), 고대 역사가인 에드워드 기번Edward Gibbon(1737~1794), 정치가인 에드먼드 버크Edmund Burke(1729~1797), 제임스 보스웰James Boswell(1740~1795) 그리고 사전 편찬자인 사무엘 존슨Samuel Johnson(1709~1784) 등과 교제했다. 1784년 어머니가 사망할 때까지 결혼하지 않고 독신으로 그녀와 함께 생활했고, 친구들과 토론하기를 즐겼다. 이후 1790년 67세의 나이로 생을 마감했으며, 사후 출간된 유고로 『철학논문집』이 있다.

그가 1763년 글래스고대학에서 강의한 내용은 『글래스고대학 강의Lectures on Justice, Police, Revenue and Arms』란 제목으로 1798년에 출간된다. 이 책은 당시 학생들의 필기장을 근거로 편집됐으며, 이를 통해 당시 그의 강의가 도덕철학 강의인 동시에 법학과 경제학 분야에까지 걸쳐 있었음을 알 수 있다.

정치경제학의 관점에서 마르크스Karl Marx(1818~1883)는 애덤 스미스에서부터 데이비드 리카도David Ricardo(1772~1823)에 이르는 시기를 통속적인 경제학과 구분해 '고전정치경제학'의 시기로 규정한다. 그러므로 그의 정치경제학 비판은 애덤 스미스의 『국부론』에 대한 비판에서 출발한다고 하겠다. 사실상 『국부론』은 경제학을 처음으로 역사와 정책에 도입해 체계적으로 이론화한 과학으로 발전시키는 데 일조한 책이다.

중상주의重商主義에 대한 애덤 스미스의 비판은 당시 영국의 자유무역정책으로 구체화된다. 그는 이 비판을 통해, 부富는 금이나 은만이 아닌 모든 생산물이라고 규정했다. 또한 중농주의重農主義의 노동에 대한 구분, 즉 생산적 노동과 비생산적 노동 개념을 새롭게 재구성하면서 인간의 노동이 가치 창출의 토대이며, 분업이 국부 증대의 핵심적인 원천이라고 주장했다.

*

애덤 스미스는 자기 생의 대부분을 스코틀랜드에서 보낸다. 당시 스코틀랜드는 지적 활동이 매우 활발했으며, 그 독자적인 영향력 또한 상당했다. 이른바 '스코틀랜드 계몽주의(자)'라는 용어는 이러한 시대적 분위기 속에서 탄생한 것이었고, 그 중심에 에든버러대학과 글래스고대학이 자리 잡고 있었다. 스코틀랜드는 1707년 영국에 통합돼 정치적 독립성을 상실했지만, 스미스가 활동할 당시에는 스코틀랜드의 정체성을 부활시키려는 여러 움직임이 지적 세계 안에서 일어나고 있는 중이었다.

이러한 맥락에서 스코틀랜드 계몽주의자들은 '자유와 정의의 질서 속에서 한 사회를 번영시키는 인간본성이란 무엇인가?' 혹은 '문명의 발전과 함께 사회는 어떻게 변화하는가?'라는 식의 인간과 사회에 관한 도덕철학적 문제에 몰두했다. 이 가운데 핵심적으로 자리 잡고 있던 관념이 '진보improvement'였다. 스코틀랜드 계몽주의에서 '진보', '향상' 혹은 '개선'이라는 단어는 '설계'나 '계획적인 재구성'이라는 관념과는 다른 차원에서 사용된다. 혁명적인 변화보다는 주로 '진화적인' 개혁이라는 맥락에 진보 개념이 놓인다. 이때 '진화evolution'는 엄밀히 말해 다윈의 생물학적 의미와 직결되는 것은 아니지만, 사회적 행동의 의도하지 않은 결과에 기인하는, 점진적이고 누적적인 변화 그리고 사회현상의 점진적 발전을 의미한다.

요컨대 이러한 도덕철학의 문제는 당시 스코틀랜드의 정치적·경제적 상황의 변화로부터 비롯된 것이었다. 스코틀랜드가 영국에 통합될 수 있었던 원인 가운데 하나는 스코틀랜드인들이 제한 받지 않고 영국시장에 진입할 수 있는 가능성 때문이었다. 18세기 영국과 그 일부인 스코틀랜드는 이미 '상업사회'로 진입했고,[1] 이 새로운 사회의 도래에 즈음해 스코틀랜드 계몽주의자들도 사회질서의 재편성을 시도하고 있었다.[2]

스미스의 스승인 허치슨은 사회질서가 인간에게 공통적으로 존재하는 '도덕감각moral sense'에 의해 인도된다고 주장했다. 하지만 스미스는 『도덕감정론』에서 허치슨의 주장에 반론을 제기하며 또 다른 도덕철학체계를 주장한다.[3]

아울러 스미스에게 영향을 끼친 인물로 흄을 꼽지 않을 수 없다. 그의 『인간본성에 관한 논고』(1737)는 영국 경험주의 전통의 맥락에서 경험과 관찰을 토대로 인간의 본성에 관한 전체적인 상을 제시한다.

흄은 사회계약설—사회 성립의 근거를 평등하고 이성적인 개인 간의 계약을 통해 추구하려는 정치이론—에 반대한 인물이다. 이것이 역사적 사실에 기반을 두고 있지 않다고 생각했기 때문이다. 또한 이 이론이 지니는 혁명적 성향을 언급하며, 이를 적극적으로 부정하기까지 한다. 로크John Locke(1632~1704)나 루소Jean Jacques Rousseau(1712~1778)에 따르면,[4] 주권자나 국가가 인민의 재산과 생명과 자유를 제대로 보장해주지 않고 억압할 때, 인민은 국가가 그 의무를 다하지 않았다고 보고 국가에 대항해 그 통치권을 빼앗을 수 있다. 그러나 흄은 개혁을 통한 사회변화에는 찬성했지만, 이처럼 혁명을 통한 사회변화에 대해서는 반대했다.[5]

점진적인 개혁 지향의 사회변화에 대한 관념은 스코틀랜드 계몽주의자들에게서 일반적으로 나타나는 현상이다. 그들 대부분은 사회경제적으로나 물질적으로 안정적이고 부유한 사람들이었기 때문에, 굳이 혁명을 통한 사회변화를 지지할 근거가 없었다. 따라서 정황상 이들에게 진보의 관념[6]은 상업사회에 대한 국가 간섭의 부재 혹은 시민사회의 자율성의 증대를 의미했다. 흄에게도 바람직한 사회제도란 경험과 관습을 통해 점진적으로 형성된 제도였다. 그는 이성을 통해 사회제도를 일순간에 바꾸려는 생각에 상당히 회의적이었으며, 또한 반대했다. 스미스는 이러한 흄의 사고를 수용했다(물론 몇몇 특정 주제들에 대해서는 그와 의견을 달리 한다).

18세기 영국은 정치 민주화, 경제 및 기술의 발전, 지식의 발달과 보급이라는 문명사회의 유익한 측면과 빈곤, 전쟁 등의 어두운 그림자가 동시에 존재하고 있었다. 스미스의 다음과 같은 질문은 바로 이러한 '모순적인' 시대 상황 속에 던져진 것이었다. '사회질서와 번영의 일반적 원리는 어디에 있는가?' 그는 이 질문에 대한 대답을 인간본성의 고찰로부터 찾고자 했다. 이에 대한 첫 번째 응답으로 등장한 것이 바로 『도덕감정론』이며, 이를 기초로 또다시 제시한 답변이 『국부론』이었다.

『도덕감정론』을 이해하는 데 필요한 열쇳말들

도덕감정, 공정한 관찰자 그리고 자제

스미스에 따르면, 행위의 도덕성과 적정성은 감정의 균형에 의해 결정되는 것이다. 그리고 이 감정이 신의 섭리7와 일치하는 균형 상태일 때, 이를 '도덕감정moral sentiments'이라 여길 수 있다. 인간감정의 (비)도덕성 여부에 대한 판단은 '공정한 관찰자impartial spectator'를 통해 이루어진다. 이는 스미스가 철학적인 설명을 위해 사용한 개념으로, 현실에서 볼 수 있는 존재는 아니다. 당연히 실제적이고 법률적인 집행 권한을 갖고 있지는 않다(사실 이 개념은 스미스의 스승인 허치슨과 흄이 먼저 사용했다).

스미스의 도덕철학에서 공정한 관찰자의 실질적인 집행은 '자제(자기절제)'라는 감정에서 유래한다. 이는 성격의 강인함이나 지력

智力을 설명하기 위한 개념으로, 공정한 관찰자의 판단을 스스로에게 강제하는 힘이기도 하다.

이기심과 공감

인간이 타인보다 자신의 일과 행복에 더 많은 관심을 가지는 성향은 자연스럽다. 하지만 사회적 생명체로서 인간이 타인에게 보내는 '공감sympathy' 역시 자연스러운 것이다. 누군가 괴로워하거나 행복해할 때, 인간은 슬픔과 기쁨을 함께 나눈다. 물론 타인의 행동에 대한 수용 여부는 관습과 경험을 통해 학습되는 것이다.

'이기심'과 공감은 인간본성에서 유래하는 것이다. 인간에게 분명 이기적인 성향이 존재함에도, 그 반대편엔 공감이라는 감정이 함께 자리하고 있다. 인간이 마냥 그렇게 이기적이지만은 않은 이유다. 스미스에게 인간은 고립해 생활하는 원자화된 존재가 아니다. 타인과의 상호작용 속에 평생을 살아가는 존재로서, 인간은 타인을 배려하는 인仁의 심성을 보유한다. 공자나 맹자에게 인이 도덕의 토대이듯이, 스미스에게 공감은 도덕률의 토대로 작용한다.

자연적 공감, 덕성의 기초

스미스 시대의 계몽철학자들은 무엇이 행동을 옳고 그르게 만드는

지 합리적인 설명을 찾고자 했다. 하지만 스미스는 인간의 도덕성이 그렇게 계산될 수 있는 문제가 아니라고 생각했다. 오히려 도덕성은 자연적인 어떤 것이며, 이것이 인간을 사회적 존재로 만든다는 생각이었다. 인간은 상상함으로써 타인의 입장에서 자신을 바라보기도 하고, 타인을 향한 공감을 표시하기도 한다. 이 감정은 직접적이고, 참되며, 자혜慈惠적이고, 자연적이다.

자혜와 정의

자혜로운 행동에는 칭찬이 따른다. 하지만 자혜로운 행동을 하지 않았다고 해서 비난받는 것도 아니다. '자혜benevolence'는 강제적인 집행을 요구하는 대신, 단지 사람들에게 권고할 수 있는 덕성일 뿐이다. 자혜라는 덕성의 부재가 곧바로 사회의 멸망과 연결되는 것도 아니다. 이 덕성은 사회를 보다 윤택하고, 건전하며, 더 행복하게 만드는 덕성일 뿐이다.

하지만 '정의justice'는 이와 다르다. 사회의 존속을 위해 구성원 개인이 해를 입지 않게 하는 규칙이 필요한데, 이때 요구되는 것이 바로 정의규칙이다. 정의는 인간이 타인과 더불어 살아가기 위해 강제돼야 할 덕성이다. 스미스에 따르면, 정의의 목적은 선의 최대화가 아니라 위해의 최소화에 있다. 환언하면 정의는 사회가 위해로부터 자신을 어떻게 방어하는가의 문제이다. 스미스는 자연이 사회를 유지시키기 위해 인간에게 가장 강력한 본능으로서 정의를 부여했

서설

다고 말한다. 이렇게 정의는 인간의 사회적 본성이 된다.

인간은 정의규칙들에 복종할 의무가 있다. 정의의 준수는 결코 개인의 의지에 자유롭게 맡겨지지 않는다. 정의는 힘에 의해 강요되며, 이를 준수하지 않을 경우 분개의 감정을 유발시키고 나아가 처벌을 유도하는 덕성이다. 스미스는 누군가 정의의 법을 위반했을 때, 그가 타인에게 행한 해악을 본인도 직접 느끼도록 해야 한다고 주장한다. 정의의 실현은 법률의 집행을 통해 이루어지며, 법에 의한 통치는 정의의 초석이다.

도덕규칙들

도덕규칙의 생성 과정은 그 규칙을 만들고 따르려는 인간의 '자연적 본능'에 의해 지지된다. 어떤 악행을 경험할 때, 인간은 자기 내면과의 대화와 성찰을 통해 그와 같은 행동을 하지 않도록 스스로를 제어한다. 반대로 선행을 보면, 이를 본받으려 한다. 이렇게 여러 행위들에 대해 수많은 판단 과정을 거치며 인간은 점차 행위규칙들을 공식화하고, 스스로를 인도하는 도덕적 기준들을 확보해나간다.

이 기준들은 '의무감'을 유발시킨다. 스미스에 따르면, 의무감은 인간의 삶에서 가장 중요한 원리이자, 대다수가 이를 기준으로 자기 행동에 방향성을 부여하는 유일한 원리이다. 그는 질문한다. "인간행위의 동기는 어디서 유래하는가?" 그리고 답한다. 그것은 "이미 확립되어 있는 의무규칙에 대한 존경, 즉 모든 면에서 "감사의 법에 따라 행동하려는 성실하고 진지한 열망에서 비롯된다"라고.

의무감은 정의, 정직 그리고 공손함의 원칙들을 충실히 준수하게 하는 데 기여한다. 우리는 양심의 소리에 따라 행동함으로써 의도적이지는 않지만 확실히 인류의 행복을 촉진한다.

물론 처벌하고 보상하는 인간의 인위적인 법률 역시 동일한 결과를 목적으로 할지도 모른다. 그러나 이 법률은 본성에 의해 야기된 양심이나 도덕규칙처럼 일관되지도 않으며, 직접적이며 효과적일 수도 없다. 스미스는 도덕규칙들이 시대와 장소에 따라 변한다는 사실을 인정하지만, 본성의 근본적 원칙들이 계속적으로 준수되지 않는다면 사회는 유지될 수 없다고 생각한다.

덕성들

스미스는 진정으로 덕이 있는 사람의 성격을 정의함으로써『도덕감정론』을 끝내고 있다. 진정으로 덕이 있는 사람은 앞서 얘기된 정의와 자혜 그리고 '신중함'의 특성들을 체현한다. 여기에 네 번째 특성인 '극기(혹은 자제)'가 필수 요소로 더해진다.

신중함은 개인에 대한 보살핌을 의미한다. 과도함이나 지나침을 가라앉히면서 사회를 위해 중요한 기능을 담당한다. 특별히 호감을 주지는 않을지라도 존경할 만한 덕성이다. 정의는 인간이 타인에게 행하는 해악을 제한함에 그 목적이 있으며, 사회의 존속을 위해 필요불가결한 덕성이다. 자혜는 타인의 행복을 장려하고자 개인을 격려함으로써 사회를 건전한 방향으로 이끈다. 강제할 수는 없지만, 항상 호감을 주며 사람들 사이에서 그 절실함이 깊어지는 덕성이다. 극기는 열정을 완화시킨다. 이를 통해 인간은 타인에게 공감하고 분노를 진정시키기도 한다.

제1부

『도덕감정론』과
그 세계

이 책은
어떻게 쓰였나

『도덕감정론』은 사회질서와 번영의 일반적인 원리에 관한 논의를 근본적인 도덕감정인 '공감'에서 출발시킨다. 공감은 타인과의 상호작용 속에서 서로 이해하고, 배려하며, 소통시켜주는 중요한 사회적 기능을 담당함으로써, 사회구성원의 사회적 관계망을 형성시키는 토대가 된다. 이런 맥락에서 출발한 스미스의 사회철학은 합리적인 '이성'에 의한 자기 보존을 기본 논점으로 가진 홉스나 로크의 사회계약설에 반대한다.

스미스는 사회 존립의 중심축인 '정의'의 성립 근거 역시 인간들 간의 감정적인 상호작용에서 찾는다. 이때 그 중심에 서 있는 도덕감정이 바로 공감이다. 예컨대 피해자의 분개(복수감정)에 대한 관찰자의 공감적 의분義憤에서 정의라는 덕성의 감정적 기초가 찾아진다. 이 관찰자의 입장은 이해관계에 얽매이지 않고, 모든 사람들이

홉스   로크

행위의 적정성을 공평무사하게 판단하는 내재적 계기나 사회의 거
울로 작동한다.

　스미스는 이 관찰자를 '공정한 관찰자'로 등장시킨다. 그는 인간
의 도덕적 행위를 고무하는 동시에, 인간의 비도덕적 행위를 억제하
는 자이다. 예컨대 개인의 어떤 행위에 대한 인정의 척도는 공감의
정도, 즉 공정한 관찰자가 그 행위에서 느끼는 감정의 일체화 정도
에 따라 결정된다.

　인간이 단지 이기적인 존재에 불과하다면, 그리고 다른 도덕감
정들을 전혀 가지고 있지 않다고 한다면, 사회는 존속될 리 없으며,
인간은 단 하나의 '자연 상태(만인에 대한 만인의 투쟁 상태)' 속에서 불
안과 공포심을 느끼면서 하루하루를 보내야 하는 고독한 존재일 뿐
이라고 스미스는 생각한다. 하지만 인간에게는 공감이란 동포감정
이 존재하기에, 그리고 이를 기초로 정의라는 덕성이 존재하기에,

사회질서는 유지되고 그 속에서 인간은 자기 행복을 추구할 수 있다.

『도덕감정론』이 취한 입장에서 바라본다면, 설령 인간이 자신만의 이해관계를 추구한다고 하더라도 그게 모든 것은 아니다. 인간에게는 본성적으로 타인의 대한 동정과 연민 같은 도덕감정이 존재하기 때문이다. 그렇다면 여기서 중요한 사실 한 가지를 미리 지적해 두자. 스미스의 또 다른 역작 『국부론』 역시 바로 이 도덕감정을 그 바탕에 깔고 있다는 사실을.

*

익히 알려졌다시피 스미스의 자기 조절적 기제인 '시장'이자 자연적인 자유체계의 상징인 '보이지 않는 손'은 사실 인간이 지닌 도덕감정의 적정성 혹은 인간행위의 적정성을 전제하는 것이다. 그 바탕 위에서라야만 보이지 않는 손의 조화롭고 상호 공감적인 작동은 제대로 실행된다.

스미스는 『국부론』에서 상업사회의 자유롭고 조화로운 발전과 관련해 중상주의*에 대한 비판을 전개한다. 물론 여기서 『국부론』에 관한 본격적인 논의를 전개시킬 수는 없겠지만, 『국부론』을 이해하는 데 『도덕감정론』이 차지하고 있는 의미는 단순히 간과될 수 없다.

스미스는 『국부론』에서 계급적 불평등이 존재하는 문명사회에서도 하층 계급이 풍요로운 생활을 누릴 수 있는 까닭은 '교환·분업 시스템'과 그에 의한 생산력의 비약적인 상승 때문이라고 지적한다.

여기서 눈여겨보아야 할 것은 이 시스템의 제도화가 인간 예지의 소산이 아니라 보이지 않는 손에 의한, 인간 활동의 '의도하지 않은 결과'라는 그의 주장이다.

스미스는 '이기적' 행위자들의 상호작용으로부터 사회적으로 '유익한' 결과들이 초래되는 과정이나 그 구조를 본다. 이는 사회의 구성원들이 사회적 선善을 목표로 삼지 않았던 개인들의 행동으로부터 혜택을 얻는 것과 같다. 보이지 않는 손은 여기에 존재한다. 그것은 의도하지 않은 것들의 매개를 통해 유익한 결과들이 만들어지는, 감지할 수 없는 장치와 같다. 인간행동의 의도하지 않은 결과들이 조정해낸 것으로서, 유익한 자생적 질서를 창출해내는 구조다.

하지만 항상 기억하기 바란다. 보이지 않는 손의 작동은 항상 행위의 '도덕적 적정성'을 전제한다는 사실을. 또한 의도하지 않은 결과라는 관념은 사실상 미래에 대한 불확정성 혹은 불투명성을 반영한다는 사실을.

사회는 다양한 관계망으로 형성되어 있고, 그 속에서 다양한 사람들의 상호작용이 이루어진다. 하지만 이를 거쳐 도달하는 결과는 그 누구도 미리 예측할 수 없다. 스미스의 보이지 않는 손 역시 이처럼 원래 의도하지 않았던 유익한 결과를 사회에 가져다주는 것이다.

스미스의 이러한 생각은 칼뱅Jean Calvin(1509~1564)의 '예정조화설'과 유사한 측면이 있다. 즉, 인간의 힘으로 신의 의지를 변경시킬 수는 없지만, 신이 내린 은혜를 통해 인간은 구원을 받는다는 내용이다. 물론 스미스의 보이지 않는 손이란 개념이 전적으로 예정조화설에 기대어 있지 않음은 분명하다.

스미스는 교환과 분업 시스템이 사회적으로 제도화되어 상품 생산이 전면적으로 개화한 사회를 '상업사회'라고 부른다. 동시에 이러한 상업사회의 제도화를 저해하는 중상주의를 비판한다. 그에 따르면, 중상주의는 『국부론』의 근간이기도 한 '생산과 소비의 균형' 대신, 특정 계급만의 이익을 위한 '무역상의 균형'을 추구한다. 가난한 자와 소비자의 이익을 무시하고, 부자와 생산자의 이익만을 옹호한다는 것이다. 스미스의 구체적인 비판은 이렇다.

> "소비야말로 모든 생산 활동의 유일한 목표이자 목적이며, 생산자의 이익은 소비자의 이익을 증진시키는 데 필요한 한에서만 고려되어야 한다. 이 명제는 자명한 것으로, 이를 입증하려는 것은 어리석은 일이다. 그러나 중상주의에서는 소비자의 이익이 거의 언제나 생산자의 이익에 의해 희생당하고 있으며, 중상주의는 소비가 아니라 생산을 모든 상공업의 궁극적 목표이자 목적으로 삼고 있는 것 같다."
>
> (『국부론』, 4편, 8장)

스미스는 중상주의에 대항해, 이른바 경제적 자유주의 혹은 자유무역주의를 주장한다. 뿐만 아니라 '사회의 일반적 복지' 실현에 저촉되지 않는 한에서, '자유·평등·정의'라는 원칙에 기초해 모든 사람이 자신의 이해관계를 풀어갈 수 있는 사회가 국가와 국민에게 풍요로움을 가져온다고 주장한다. 작은 정부, 야경夜警국가 혹은 치안국가, 자유방임 등과 같은 용어들만이 스미스의 경제사상을 함축한다고 알려져 있지만, 이는 스미스의 사유체계가 의도하는 진정한 의미를 왜곡한 결과일 뿐이다.

필자가 판단하건대, 스미스가 진정으로 의도했던 바는 상업사회에서 개인의 이해관계가 사회의 이해관계에 우선한다거나 그 반대라는 종류의 논의가 아니다. 스미스에게 가장 중요했던 명제는 '개인과 사회의 균형 발전'이었다. 그에게 개인은 고립된 존재가 아니라 '공감'이라는 도덕감정을 천성적으로 지니고 있는, 사회 혹은 공동체 속의 개인이었다. 개인과 사회는 부분과 전체 같은 도식적인 관계를 넘어, 공감이라는 기제로써 소통하는 사회적 관계망을 형성한다.

개인과 사회의 균형 발전 역시 '보이지 않는 손'에 의해 달성된다. 이 개념은 정치·경제의 영역에서 폭력과 강제, 임의성과 자의성을 배제한다. 그리고 언제나 행위의 도덕적 적정성과 이에 기반한 자발성을 전제로 한다. 스미스의 보이지 않는 손이 의도치 않은 결과로서 사회구성원 모두에게 유익함을 가져다준다는 것은 이 보이지 않는 손 속에서 구성원들 간의 상호 공감과 배려가 작동했다는 의미에 다름 아니다.

*

이제 『도덕감정론』에 담긴 내용의 구조에 관한 사항을 정리해보자.

『도덕감정론』 제1판은 1759년에 발간됐고, 그로부터 1789년까지 제5판까지 발간됐다. 이 과정에서 수정 범위는 그렇게 넓지 않았다. 그러나 1790년에 발간된 이 책의 마지막 판인 제6판에서는 상당한 수정과 보충이 이루어졌다. 물론 두 판본 사이에 본질적인 교의상의 갈등은 존재하지 않는다.

책은 전체 7부로 구성되어 있다.

제1부는 '행위의 적정성에 대해'라는 제목을 달고 세 개의 편으로 구성되어 있다.

1부 1편에서는 행위의 적정성 판단에 관한 문제를, 2편에서는 적정성과 양립할 수 있는 다양한 열정들의 강도에 관한 문제를, 3편에서는 번영과 역경이 행위의 적정성에 관한 사람들의 판단에 미치는 영향을 다루고 있다. 특히 1편 1장에서 다뤄지는 '공감'은 책의 주제인 도덕감정의 출발점인 동시에 사회질서의 토대를 만드는 요소다. 요컨대 스미스는 타인에 대한 배려를 바로 이 공감의 존재 여부에서 찾았다. 1편은 다섯 개의 장으로 구성되어 있다.

1부 2편 역시 다섯 개의 장으로 구성되어 있다. 여기서는 특히 비사회적 열정, 사회적 열정 그리고 이기적 열정에 관해 설명한다. 이 열정들에 대한 구분은 행위의 적정성을 척도로 한다.

1부 3편은 세 개의 장으로 구성되어 있다. 특히 3장에서 스미스는 부유한 사람들과 권세 있는 사람들에게는 감탄[9]하면서 가난하고 천한 사람들은 경멸하거나 무시하는 성향에 의해 초래되는, '도덕감정의 타락'에 대해 설명하고 있다.

제2부는 '공로와 과오에 대해 혹은 보상과 처벌의 대상들에 대해'라는 제목이다. 여기서는 감사의 적정한 대상인 것은 보상받아 마땅한 반면, 분노의 대상으로 보이는 것은 처벌받아 마땅한 대상이라는 내용을 소개한다. 스미스의 정의 개념이 보상이나 분노라는 감

정에서 유래한다는 점을 살필 수가 있다. 제2부는 세 개의 편으로 구성되어 있다.

2부 1편은 다섯 개의 장으로 구성되어, 특히 보상과 처벌의 대상 그리고 감사와 분노의 적정한 대상에 관해 논의한다. 1장에서 감사와 보상, 분노와 처벌의 인과관계에 대한 일반적인 결론을 이끌어낸다. 하지만 3장에서는 은혜를 베푼 자가 행위에 대해 인정하지 않을 경우, 그 수혜자가 받는 감사는 타인들로부터 공감을 얻어내지 못한다는 점 그리고 피의자의 행위 동기를 타인들이 부인하지 않을 경우, 피해자의 분노는 공감을 얻지 못한다는 점에 대해 논의한다. 이렇게 행위의 도덕적 적정성에 대해, 스미스는 행위의 결과뿐만 아니라 동기의 관점에서도 판단한다.

2부 2편은 세 개의 장으로 구성되어 있으며, '정의'와 '자혜'의 문제가 그 핵심 연구대상이다. 스미스에게 이 두 가지 도덕감정은 사회를 유지하는 데 가장 중요한 역할을 담당하는 감정이다. 특히 정의는 사회질서의 핵심적 토대이며, 만약 이것이 존재하지 않는다면 사회는 더 이상 유지될 수 없다고 주장한다. 스미스에게 자혜는 권고할 만한 덕성이며, 정의는 강제적으로 집행할 수 있는 덕성이다.

2부 3편은 세 개의 장으로 구성되어 있고, 여기서 스미스는 우연성이 행위의 공로나 과오에 관한 인간의 감정에 미치는 영향에 대해 다룬다.

제3부는 '우리 자신의 감정과 행위에 관한 우리의 판단 기초와 의무감에 대해'라는 제목으로, 따로 편 없이 모두 여섯 개의 장만으로 구성되어 있다.

1장에서는 자기인정과 자기부인의 원리에 관한 문제를, 2장에서는 칭찬과 칭찬받을 만한 가치가 있는 것에 대한 선호 그리고 비난과 비난받을 만한 결함이 있는 것에 대한 두려움에 관한 문제를, 3장에서는 양심과 권위에 관한 문제를, 4장에서는 자기기만의 본질과 일반적인 행위규칙의 기원과 그 적용에 관한 문제를, 5장에서는 도덕의 일반적인 규칙들이 미치는 영향과 그 권위에 관한 문제를, 6장에서는 행위의 유일한 원리로서의 의무감각에 관한 문제를 다루고 있다.

제4부는 '효용이 인정의 원리에 미치는 영향에 관해'라는 제목으로, 효용의 문제를 다룬다. 구체적으로 보면, 효용이라는 존재가 아름다움에 미치는 영향 그리고 아름다움에 대한 지각이 인정에 관한 기본 원리의 하나로 간주될 수 있는가의 문제다.

여기서 스미스는 인정이나 부인의 원리를 효용성에서 찾는 흄의 효용이론을 비판하면서, 인간의 도덕감정에서 효용의 역할을 일정 정도 인정하기는 하지만, 이를 사회질서나 도덕감정의 토대로 간주하지 않는다. 인정의 감정은 효용의 지각과는 완전하게 구별되는 적정성의 감각을 내포하고 있다는 점, 그래서 효용이 인정과 부인의 최초의 원천도 혹은 주요한 원천도 아니라고 스미스는 주장한다.

제5부는 '관습과 유행이 도덕적 인정과 부인의 감정에 미치는 영향에 대해'라는 제목으로, 1장에서는 관습과 유행이 아름다움과 추함에 대한 우리의 관념에 미치는 영향에 대해, 2장에서는 관습과 유행이 도덕감정에 미치는 영향에 대해 논의한다.

스미스는 아름다움에 관한 인간의 감정이 관습과 유행에 의해 아주 크게 영향을 받는다고 주장한 반면, 관습과 유행이 도덕감정에 미치는 영향은 별로 크지 않다고 주장한다. 다시 말해, 아름다움에 대한 인간의 감각이 의존하는 상상력의 원리는 극히 미묘하고 섬세한 성질을 가졌고, 관습과 교육을 통해 쉽게 변화될 수 있다는 것이다. 반면 인정과 부인의 감정들은 인간본성의 가장 강하고, 가장 활발한 열정들에 기초하고 있기 때문에, 습관과 교육이 이러한 감정들을 다소 진정시킬 수는 있지만 완전히 변화시킬 수는 없다고 주장한다.

　제6부는 '덕성의 성격에 대해'라는 제목으로, 세 개의 편과 서론 및 결론으로 구성되어 있다. 1편에서는 자신의 행복에 영향을 미치는 개인의 성품에 관한 문제를, 2편에서의 타인의 행복에 영향을 미치는 개인의 성품에 관한 문제를, 3편에서는 '자제'에 관한 문제를 논의하고 있다. 이러한 논의점들을 면밀히 분석해볼 때, 제6부는 계몽적인 시민사회가 요청하는 사회학적 조건들을 충족시키는 덕성과 규범적 기준들을 제시하고 있다.

　스미스는 자신의 행복에 미치는 개인의 성품으로 '신중함'을, 타인의 행복에 미치는 개인의 성품으로 '정의'와 '자혜'를 제시한다. 신중함이라는 덕성은 인간의 이기적인 성향으로 인해 권장된 것인 반면, 정의와 자혜라는 도덕감정은 인간의 자혜로운 성향에 인한 것이라고 스미스는 생각한다. 정의는 인간으로 하여금 타인을 해치지 못하도록 강제하며, 자혜는 인간으로 하여금 타인의 행복을 적극적으로 증진시킬 것을 고무한다.

　자제는 적정성에 대한 감각, 즉 가상의 공정한 관찰자의 감정에 대한 고려로 권장된 덕성이다. 인간행위의 적정성에 대한 인정은 행위자의 판단에 맡겨지는 것이 아니라, 공정한 관찰자의 판단에 맡겨져야 한다. 인간이 스스로 행한 특정 행위에 대해 인정받고자 한다면, 항상 공정한 관찰자의 판단을 염두에 두어야 한다는 의미다. 자제라는 도덕감정이 존재하지 않는다면, 누군가의 모든 열정은 분별 없이 분출될 것이다. 아울러 스미스는 신중함, 정의 그리고 자혜라는 도덕감정과 덕성은 매우 유쾌한 결과를 창출하는 경향이 있다고 덧붙인다.

제7부는 '도덕철학체계들에 대해'라는 제목으로, 모두 네 개의 편으로 구성되어 있다.

7부 1편에서는 『도덕감정론』에서 논의되어야 할 문제들에 대해 간단히 언급한 뒤, 2편에서 덕성의 성격에 대해 설명한다. 즉, 덕성이 어디에 있는가 하는 문제다. 보다 구체적으로, 1장에서는 덕성이 적정성에 있다고 보는 도덕철학체계를, 2장에서는 덕성이 신중함에 있다고 보는 도덕철학체계를, 3장에서는 덕성이 자혜에 있다고 보는 도덕철학체계를 논의한다. 그리고 4장에서는 방종에 관한 철학체계를 논의한다.

7부 3편에서는 인정의 원리에 관한 도덕철학체계들을 검토한다. 보다 구체적으로, 1장에서는 인정의 원리를 자기애에서 이끌어내는 도덕철학체계를, 2장에서는 인정의 원리를 이성에서 도출하는 도덕철학체계를, 3장에서는 감정을 인정의 원리로 이해하는 도덕철학체계를 논의한다. 스미스는 인정의 원리를 자기애나 이성에서 도출하는 도덕철학체계의 한계를 지적하고 비판하면서, 감정에서 인정의 원리를 도출하는 철학체계를 지지한다. 물론 인정의 원리에서 이성과 자기애가 하는 역할을 인정한다. 하지만 여기서 스미스에게 더 중요한 요소는 무엇보다 감정이다.

7부의 2편과 3편, 즉 덕성의 성격과 인정의 원리에 관한 논의는 『도덕감정론』에서 가장 중요한 부분을 차지한다고 하겠다. 끝으로 7부 4편에서는 철학자들이 실천적인 도덕원칙을 다루어온 방법에 관해 검토한다.

정리하자면 『도덕감정론』은 인간의 도덕감정, 도덕적 이념 그리고 행동이 사회적 생명체로서의 인간본성의 산물임을 역설한다. 같은 논의선상에서 이성보다 인간의 본래적인 도덕감정이 도덕적 행위에 대한 더 나은 안내자라고 주장한다.[10]

『도덕감정론』은 사회가 존재하기 위해 요청되는 사려와 정의의 일반규칙들을 확인하고, 사회의 번영을 증대시켜주는 자혜로운 행동들에 대해 논의한다. 이 논의는 당연히 바람직하고 덕성스러우며 정의로운 사회질서에 대한 동경에서 비롯된 것이다. 그리고 스미스는 이러한 사회질서의 토대를 인간의 도덕감정 속에서 찾고자 했다.

스미스가 보건대, 인간은 도덕감정을 통해 타인과 소통하고 이해하며, 전체 구성원들을 위한 하나의 사회질서를 만들어내는 존재다. 사회 속에 특정한 도덕감정이 부재하고, 도덕과 도덕률이 부재하며, 정의에 대한 일반규칙들이 없거나 제대로 실천에 옮겨지지 않는다면, 스미스의 귀결은 분명하다. 사회는 소멸하고, 인간은 홉스가 말했던 "만인의, 만인에 대한 투쟁 상태"인 자연 상태로 귀착!

『도덕감정론』은 인간본성에서 유래하는 감정들의 소통에 관한 논의이다. 감정은 인위적인 것이 아니라 생래적인 것이다. 인간이 이 생래적인 감정의 사회적 소통을 거역한다면, 그것은 사회적 생명체로서의 인간이기를 거부하는 셈이다. 이 입장에서는 인간 본연의 감정이야말로 사회질서의 토대다.

스미스에게 인간은 고립돼 존재하는 원자화된 개인이 아니다. 타인과 더불어 살아가는 사회적 생명체다. 이런 인간을 마주하고서 스미스는 사회 속에서 다양한 사람들이 도덕감정에 의거해 서로 상호작용할 때, 비로소 사회는 덕성스럽고 정의로운 방향으로 나아갈 수 있다고 생각한다.

*

필자가 『도덕감정론』을 읽어 내려가야 했던 문제의식은 이렇다. '한국사회에 도덕은 존재하는가?', '한국사회에 공감이라는 도덕감정은 존재하는가?', '한국사회에 타인에 대한 배려는 존재하는가?'[11], '한국사회에 구성원 간의 소통은 존재하는가?'…… 간단히 말해, 스미스가 말했듯, '인간본성에서 유래하는 도덕감정이 한국사회에서는 잘 작동하고 있는가?'

나아가 '글로벌을 화두로 삼은 신자유주의적 사고에 함몰되어, 경쟁을 강요하거나 부추기는 사회가 덕성스럽고 정의로운 사회인가?', '정의의 일반규칙들은 공정성을 가지고 잘 실천되고 있는가?', '이런 점에서 한국은 법치국가인가?'

지금 여기서 한국사회의 구체적인 문제들을 언급할 수는 없다.

다만 이런 실존적인 문제의식 속에서 스미스가 말했던 '공정한 관찰자'의 눈으로 지금 이 사회의 본모습을 근본적으로 성찰해보는 것은 꼭 필요하다는 생각이 든다.

자연과 도덕은
어떤 관계를 형성하고 있는가

이 장에서는 스미스에게 '자연적인 것'과 '도덕적인 것'[12]이 함축하고 있는 의미에 대해 생각해보려 한다. 즉, 자연과 도덕이 스미스의 사유체계 속에서 어떠한 관계를 맺고 있는가 하는 점이다. 이런 논의가 필요한 가장 근본적인 이유는 자연과 도덕에 대한 관념이 스미스 철학의 토대를 구성하고 있기 때문이다.

스미스는 이렇게 주장한다. 인간은 원래 아름다움을 추구하는 존재이다. 하지만 아름다움을 향한 욕구는 여타의 기본적인 육체적 이해관계들에 비해 부차적인 것이다. 영양, 주거 그리고 의복에 대한 인간의 욕구는 생존과 직접적인 관계를 맺고 있는 육체적 욕구이며, 아름다움에 대한 욕구보다 더 근본적이다. 정리하면, "육체의 보존과 건강한 상태는 자연이 개인에게 우선적으로 생각하도록 추천한 대상이다"(6부, 1편, 1장)라는 결론으로 모아진다.

이러한 생각을 토대로 그는 가장 좋은 경제 발전에 관해 서술한다. "사물의 자연적인 진행 과정에 따라 (…) 발전하고 있는 국가에서 자본은 먼저 압도적으로 농업으로 향하며, 그 다음에는 산업으로 그리고 마지막으로는 대외무역으로 향한다."(『국부론』, 3편, 1장) 이처럼 봉건제적 생산양식에서 자본제적 생산양식으로의 역사적인 전환은 인간 욕구의 자연스러운 결과이다.

여기서 주목해야 할 점이 있다. 스미스는 '자연적' 혹은 '자연스러운'이라는 단어를 엄밀하게 정의내리지 않으면서 두 가지 차원에서 사용하고 있다. 한편에선 일정한 상태를 '묘사하는' 것으로, 또 다른 한편에선 판단 척도인 '규정적인' 것으로 말이다.

즉, 그는 인간의 일차적 욕구인 육체적 욕구와 사치품을 향한 욕구가 동등하게 자연적 욕구라고 생각한다. 이때 '자연적'이라는 단어는 원래 타고났거나 천성적인 것으로 이해할 수 있다. 반면 이 단어가 규정적인 의미에서 사용될 경우에는, '긍정적이고', '유리하며', '올바르거나', '가장 좋은 가능성을 가진' 것이라는 의미를 포함한다. 예를 들어, 자연스럽다는 개념이 자본주의와 연관될 때, 자본주의는 '가장 좋은 가능성을 지닌' 경제 형태로 간주되곤 한다(물론 가장 좋은 가능성을 지닌 자본주의 경제 형태가 곧바로 '당연한' 것임을 의미하는 것은 아니다).

스미스가 경제 영역에서 국가의 '자연스러운' 간섭을 인정하거나 요구했을 때, 그의 의도는 이 간섭이 단순히 천성적인 인간의 동기에 기초하고 있다는 점을 역설하는 것이 아니었다. 그는 가장 좋은 가능성의 상황을 만들어내기 위해서는 그 간섭이 특정한 동기들,

즉 시장의 원활한 작동에 근거하고 있음을 강조했다. 그에게 규정적 의미에서 '자연적'이라는 개념은 나름의 '목적의식'을 함유하고 있는 것이었다. 정리하자면, 경제 과정에서 '자연스러운' 국가 간섭은 자유와 행복 그리고 사회 정의를 장려함에 있었다. 이른바 명사형인 '자연'은 실현되어야 할 '이상'의 다른 이름이었다.

덧붙여 그가 '자연적'이라는 개념에 집착한 또 하나의 이유는 17~18세기에 도래한 인간 해방의 분위기 속에서 전통적인 계시신학의 권위적이며 규범적인 요구들로부터 개인을 해방시키려는 의도가 있었기 때문이다. 스미스는『도덕감정론』에서 도덕을 종교와 계시로부터 독립시키면서, 윤리 세계 안에서 폭넓은 '세속화 운동에 관한 담론'을 전개하고 있다.

스미스가 보기에 자연과 도덕은 분리되어 존재하지 않는다. 도덕이라는 단어 속에는 자연 개념이 불가분으로 연결되어 있다. 스미스 식으로 말하자면, 인간은 가능한 한 '자연스럽게' 생활할 때, 즉 가장 '내적인 충동'을 따를 때 도덕적이다. "너 자신에게 충실하라! 이것이 도덕이다!" 스미스의 단언은 이렇다.

스미스는 도덕 의식과 정의의 장려를 위한 국가 활동에 기초를 제공하는 자연적 충동의 존재를 거론하면서, 그 자연적이고 도덕적인 충동을 세 가지로 나누어 설명해나간다.

첫째, 타인과 공감하려는 욕구이다. 이는 동정하고 연민을 느끼는 자연스럽고 도덕적인 욕구이다.『도덕감정론』서두는 이렇게 시작한다.

"인간이 이기적이라고 가정할지라도,[13] 인간본성에는 몇 가지 원리들이 분명히 존재한다. 바로 인간은 타인의 운명에 관심을 가진다는 점, 그리고 단지 그것을 지켜보는 즐거움을 제외하고 다른 어떤 것을 얻을 수 없다 할지라도, 타인의 행복을 필수적인 것으로 만든다는 점이다. 연민이나 동정이 이러한 종류에 해당한다. 타인의 비참함을 보거나 그것을 아주 생생하게 느낄 때, 이 감정을 느낀다.

우리가 타인의 슬픔에 함께 슬퍼하는 것은 너무 명백해서 증명할 필요조차 없는 사실이다. 이 감정은 다른 모든 인간본성의 본원적 열정으로, 모든 사람들이 느끼는 감정이기 때문이다. 사회의 법률을 심하게 어기는 극렬한 위반자도 이 감정을 느낀다."(1부, 1편, 1장)

스미스에게 공감[14]이란 도덕률의 토대이며, 인간은 더불어 살기를 좋아하는 생명체다. 이러한 맥락에서 그의 도덕성 속에는 공동체적 삶이 내포되어 있다. 공감을 향한 욕구는 인간의 삶에서 중요한 기능을 수행한다. 무엇보다 가치판단의 원천이 되며, 이를 통해 발생하는 타인과 자신에 대한 이해 과정은 인간의 감각을 문명화시킨다.

스미스는 자문한다. "그렇다면 사회질서의 기초는 어디에 있는가?" 이에 대한 해답 역시 공감이라는 도덕감정 속에 있다. 스미스에 따르면, 인간에겐 공통적으로 타인의 감정과 행동에 관심을 가지는 공감 능력이 존재한다. 이를 통해 인간은 상상에 의한 '공정한 관찰자' 혹은 '가슴속 인간'을 상정한다. 그리고 이 관찰자의 판단에 따르는 일반규칙들을 정하고, 이를 따르려는 의무감을 가진다. 인간은 자신의 감정과 행동이 공정한 관찰자로부터 도덕적인 적정성을 인정받아 칭찬받거나 적어도 비난받지 않도록 노력하는 존재다.

둘째, 보상감정이다.

"보상한다는 것은 보답하는 것, 대가를 주는 것, 다시 말해 선善에 대해 선으로 돌려주는 것을 의미한다. 처벌하는 것도 비록 그 방식이 다르기는 하지만 보답하는 것, 대가를 주는 것을 말한다. 즉, 행해진 악에 대해 악으로 되돌려주는 것을 의미한다."(2부, 1편, 1장)

이 감정은 그의 '정의' 개념과 밀접한 관련을 맺고 있다. 대부분의 학자들은 스미스를 단순히 개체로서 고립되고 원자화된 개인의 주체적 행위만을 옹호하는 자유주의자로 치부해버린다. 하지만 스미스의 입장은 간단치 않다.

"모든 계층과 사회 구성원은 자신들에게 안전과 보호를 제공해주는 국가에 의존한다. 그들은 모두 국가에 종속되어 있으며, 국가의 번영과 유지에 공헌하기 위해 수립됐다. 이러한 사실은 계층과 사회의 가장 당파적인 구성원에 의해서도 승인된 하나의 진리이다."(6부, 2편, 2장)

"현명하고 덕성스러운 사람은 언제든지 자신의 사적 이해관계가 자신이 속한 계층이나 사회의 공적인 이해관계를 위해 희생되어야 한다고 생각한다. 또한 계층과 사회의 이해관계가 언제든지 그것의 상위에 있는 국가나 주권의 더 큰 이해관계를 위해 희생되어야 한다고 생각한다. 따라서 그는 모든 하위의 이해관계들이 우주의 더 큰 이해관계를 위해, 즉 (…) 신이 직접 관리하고 지도하는 위대한 사회의 이익을 위해 기꺼이 희생되어야 한다고 생각한다."(6부, 2편, 3장)

인용문에서 보이듯, 스미스는 공동체 속의 개인을 염두에 두면서 사적 이해관계와 공적 이해관계의 관계를 분명히 설정한다. 그래서 만약 개인의 번영이 전체의 번영이나 전체 가운데 중요한 부분의 번영과 양립하지 않을 경우, 개인은 선택권을 가지고 있다할지라도 자신의 번영을 더 광범위한 사람들이 선호하는 것을 위해 단념해야 한다고 주장한다. 신의 섭리에 비유해 이를 설명할 정도로, 스미스는 이 세상에서 일어나는 모든 사건들이 전체의 번영과 완전성을 위한 것이라는 입장이다.

셋째, 사랑의 자연스럽고 적정한 대상이 되려는 욕구이다. "인간은 천성적으로 사랑을 받는 것뿐만 아니라 사랑받을 만한 존재, 즉 사랑의 자연스럽고 적정한 대상이 되기를 바란다." 거꾸로 풀이하면, "인간은 증오의 자연스럽고 적정한 대상이 되기를 두려워하며, 아무에게 칭찬받지는 않더라도 칭찬의 자연스럽고 적정한 대상이 되기를 바란다."(3부, 2장) 인간에게 이러한 천성을 부여해준 것도 바로 자연이다. 스미스는 인간에게 타인 속에서 인정받고자 하는 욕구 그리고 인정받아 마땅한 존재가 되고 싶다는 욕구는 '공평무사한' 자연적 이해관계로부터 나온다고 말한다.

정의는
보상감정에서 유래한다

스미스는 『도덕감정론』에서 자신의 정의론에 관한 세 가지 중요한 관점들―덕성의 원천으로서 정의, 사회를 위한 정의의 의미 그리고 자연법적 문제의 본질―에 대해 논의한다.

먼저 스미스에게 많은 영향을 끼친 흄은 사회의 안녕이 법적 규정 체계를 통해서만 보장되며, 이러한 체계는 인간이 타인과의 공동생활에 의존할 경우 더 필수적이 된다고 말한다. 또한 이에 대한 성찰을 통해 인간은 정의의 가치를 학습하게 된다고 덧붙인다. 흄에게 정의란 자연적이거나 원천적인 감정들에 의존하는 것이 아니라 이렇게 '인위적인' 덕성인 것이다.[15]

하지만 정의에 대한 관념 혹은 정의라는 덕성에 대한 스미스의 생각은 흄과 다르다. 스미스는 우선 정의 관념의 기원을 개인들이 행한 부정 혹은 해악에 대한 자연적인 분노감정에서 찾는다. 그리고 정의라는 덕성이 인간이 지닌 자연적인 감정에서 생겨나며, 그것이 바로 '보상감정'이라고 생각한다.

"적어도 자연은 모든 범죄들 중에서 가장 가공할 만한 죄에 관한 한 (…) 처벌의 유용성에 대한 모든 고려에 앞서 인간의 가슴속에 가장 강력하고 지울 수 없는 문자로, 신성하고 필수불가결한 보복의 법을 직접적이며 본능적으로 승인했다."(2부, 1편, 2장).

보상감정은 인간이 지닌 자연적·도덕적 동인으로 인해 '악에 대해 악'으로 보답하는 감정이다. 예컨대 해를 입힌 사람에게 고통을 주도록 몰고 가는 감정으로, 모든 인간에게 내재한 공통의 본성이다. 이러한 맥락에서 스미스에게 사형제도의 존폐를 묻는다면, 그는 마땅히 제도의 존치를 주장할 것이다.

그런데 근본적으로 이러한 감정은 왜 필요한 것일까? 그것은 보상감정이 정의를 위해 사회를 변화시키는 것을 목적으로 삼고 있기 때문이다. 스미스의 생각은 이렇다.

"(…) 정의는 모든 건축물들을 떠받쳐주는 중추적인 기둥이다. 이것이 사라질 때, 이 세상에서 (…) 위대하고 거대한 인간사회는 분명 순식간에 공기 속으로 분해될 것이다. 따라서 정의의 준수를 관철시키기 위해, 요컨대 약자를 보호하고 포악한 자를 저지하고 죄를 지은 자를 응징하기 위해, 자연은 인간의 가슴속에 악덕에 대한 의식과 정의를 위반할 때 가해지는 마땅한 처벌에 대한 공포를 인간사회

의 위대한 파수꾼으로 심어주었다."(2부, 2편, 3장)

　더구나 보상감정은 타인에 대해서만 행사되는 것이 아니다. 나 자신에게도 강제된다. 만약 스스로 옳지 못한 행동을 했다고 느낀다면, 보상감정은 자신의 이해관계를 통제하고 제한하도록 '양심의 가책'을 유발시킨다. 이것이 바로 보상감정이 정의사회를 위한 인간 공동체의 파수꾼으로 기능할 수 있는 까닭이다.

　하지만 보상감정은 복수감정과 분명히 구분된다. 이 구분이 가능한 이유는 '자제'와 '인간애'라는 덕성이 보상감정과 결합하기 때문이다. 인간의 어떤 복수심은 그 분노의 과도함으로 인해 타인으로부터 공감을 얻어내지 못한다. 하지만 보상감정은 피해를 입은 사람이 그 자신의 분노를 일정 정도 억제함으로써 공정한 관찰자와 타인으로부터 공감을 획득한다.

　부언하자면, 인간은 타인의 상황에 대한 간섭 욕구와 동시에, 타인이 자신의 특수한 상황에 공감해주기를 바라는 욕구도 가지고 있다. 여기에 상호 공감, 즉 진정한 소통에 대한 욕구가 존재한다. 이 욕구는 비당사자를 단지 타인의 상황으로 옮겨놓는 것에 그치지 않고, 당사자의 눈으로 상황을 바라보게 만든다.

　스미스는 이 상호 공감의 욕구[16]에서 인간애라는 덕성의 원천과 완성된 인간의 본성을 찾아낸다. 즉, 우리가 "타인을 위해 많은 것을 느끼면서 자신을 위해서는 조금밖에 느끼지 않으며" 동시에 "이기적 성향을 억제하고 박애적인 성향을 베풀 때" 인간의 본성은 완성된다. 반면 타인에 대한 무관심, 냉담함은 결코 상호 공감의 욕구를 실현시키지 못하고, 나아가 인간애라는 덕성을 발휘할 여지조차 남겨두지 않는다.

요컨대 보상감정은 상호 공감에 바탕을 두었고, 복수감정은 자제와 타인과의 상호 공감이 부재한 상황에서 발생하는 감정이라 하겠다. 스미스는 보상감정을 토대로 정의의 원천을 설명한 후, 정의가 지니는 의미에 관해 이렇게 말한다.

"(…) 세상에는 그 준수가 자기의지의 자유에 맡겨지지 않고, 힘에 의해 강제되며, 이를 준수하지 않을 경우 분개의 감정을 유발시키고, 나아가 처벌받게 되는 또 하나의 덕성이 있다. 이 덕성이 정의이다."(2부, 2편, 1장)

"사회를 유지함에 정의는 자혜보다 더 중요하다. (…) 사회는 자혜 없이도 존속할 수 있지만, 불의가 만연할 경우 사회는 완전히 붕괴한다. (…) 자혜는 건물을 지지하는 기초가 아니라 건물을 아름답게 꾸미는 장식이며, 그 실천을 권고할 만한 것이기는 하나 강제할 필요는 없는 것이다."(2부, 2편, 3장)

인간은 호감적인 덕성인 자혜보다 정의에 더 강한 의무감을 가지며, 정의에 관한 일반규칙들을 엄격하게 지킨다. 그렇지 않을 경우, 사회의 존속은 물론 개인의 존속도 보장받을 수 없다. 인간이 어떤 행위에 대해 처벌받아야 한다고 생각하게 되는 것은 그 행위로 인해 피해를 입었던 사람의 분노에 공감하기 때문이다. 정의란 해악의 당사자를 처벌함으로써 피해를 입은 사람의 분노를 진정시키는 것이다. 정의의 배후에는 이렇게 분노라는 방어적 감정이 존재한다.

"분노는 방어를 위해, 오로지 방어만을 위해, 자연이 우리에게 부여한 듯하다. 그것은 정의를 지키는 보호 장치이며, 죄 없는 사람을 지키는 안전장치이다. 그것은 우리에게 가해지려는 해악을 물리치고, 이미 가해진 것에 대해서는 보복하도록 촉구한다. 그리하여 가해자에게 자신의 부정한 행위를 반성토록 하고, 나아가 타인에게는 같은 처벌을 받지 않을까 하는 공포심을 유발시켜 유사한 위법 행위를 못하게 만든다."(2부, 2편, 1장)

물론 분노가 타인을 향한 공격적 감정일 경우, 이는 공감을 얻어내지 못한다. 그리고 공정한 관찰자는 이것을 적극적으로 저지한다.

*

스미스에게 정의란 사회 존속을 위해 절대적으로 필요한 것이다. 만일 정의가 존재하지 않는다면, 예컨대 자기 권리가 타인으로부터 침해를 당했다고 생각할 때마다 개인은 언제든 직접 복수에 나서는 상황이 벌어질지도 모른다. 시민사회는 유혈과 무질서의 장소로 돌변하고, 홉스 식의 "만인의, 만인에 대한 투쟁 상태"인 자연 상태로 전락하게 될지도 모른다.

이러한 사태의 방지를 위해 스미스가 제안하는 실천적 처방이

'실정법'이다. 그는 사회적 상호작용을 통제할 그 어떤 실정법도 존재하지 않는다면, 개인의 나약함이 바로 사회적 상호작용을 해칠 것이라고 경고한다. 실정법은 자기방어의 수단이며, 자연법과 양립한다. 스미스의 진술을 들어보자.

> "모든 실정법의 체계는 자연법의 체계를 향한, 또는 정의의 개별적 규칙들의 열거를 향한, 다소 불완전한 노력으로 간주될지도 모른다. 정의에 대한 침범은 인간 상호간에 결코 용인되지 않는 것이기 때문에, 위정자는 이 덕성의 실천을 강제하기 위해 국가권력을 사용할 필요성을 찾게 된다."(7부, 4편)

이 설명의 연장선상에서 "위정자에게 부정한 행위를 규제해 공공의 평화를 유지시키고, 선량한 규율을 함양하고, 모든 종류의 악덕과 도덕적 부정을 억제해 국가의 번영을 도모할 권한이 주어지는" 한에서, 개인의 자유는 국가에 의해 제한될 수 있다고 스미스는 주장한다.

하지만 이러한 권한들이 행사될 때 반드시 염두에 두어야 할 것이 있다. 즉, 위정자는 항상 도덕적 적정성에 입각해 판단하고, 치밀함과 신중함을 지녀야 한다는 점이다. 만약 위정자가 이러한 점을 무시하거나 과도하게 권한을 밀고 나갈 경우, 그 권한은 도리어 자유와 안전 그리고 정의에 파괴적인 요인으로 작용할 것이다.

도덕적 적정성을 내포한
보이지 않는 손이 작동하지 않을 때,
사회정의는 사라진다

스미스의 경제학을 상징하는 용어로 '보이지 않는 손'의 개념은 무엇보다 국가 간섭에 대한 부정否定을 의미하는 것이다. 그리하여 시장의 자율성 혹은 자기조절적 기제로서 시장에 대한 절대적 신뢰와 연관되어 사용된다. 동일한 맥락에서 자본주의 경제 질서에 대한 스미스 식 정의는 '보이지 않는 손' 그 자체로서, 지금껏 단지 소극적인 의미만을 부여받았을 뿐이다. 하지만 이러한 해석은 정말 타당하며 적절했는가?

스미스는 『도덕감정론』에서 '보이지 않는 손'을 공공의 이익 증진과 연결시킨다. 그리고 이를 누구도 '의도하지 않은 결과'의 산물로 파악한다.[17]

"거만하고 무정한 지주가 자신의 넓은 들을 바라보면서, 자기 형제들의 궁핍에 대해서는 전혀 생각하지 않고, 그곳에서 자란 수확물 전부를 혼자서 소비하겠다고 상상하는 것은 전혀 부질없는 일이다. (…) 그의 위胃 용량은 거대한 자기 욕망에 비례해 크지 않으며, 단지 가장 비천한 농민의 위 용량 정도밖에 받아들이지 못할 것이다. 그는 나머지를 (…) 농민들에게, (…) 하인들에게, 상류 사람들의 가정에서 사용되는 모든 자질구레한 물건들을 공급하고, 정돈하는 사람들에게 나누어주지 않을 수 없다. (…) 이들이 (자기) 생활필수품을 지주의 인간애나 정의감에서 기대하는 것은 헛된 일일 것이다. (…) 토지의 생산물은 어느 시대에서나 그것이 먹여 살릴 수 있는 정도의 주민들을 유지시킨다. 부자는 단지 그 덩어리에서 가장 귀중하고 쾌적한 것을 선택할 뿐이다. 그들은 가난한 사람들보다 많이 소비하지도 못한다. 이기심과 탐욕에도 불구하고 (…) 그들은 (…) 산물들을 가난한 사람들과 나누어 가진다. 그들은 보이지 않는 손에 이끌려 토지가 모든 주민들에게 동등한 몫으로 분할될 때 행해지는 것과 거의 같이 생활필수품을 분배한다. 그리하여 의도하거나 알지 못하면서도 이렇게 사회의 이익을 증진시키고 종족의 증식 수단을 제공한다."(4부, 1장)[18]

이 인용문에서 '보이지 않는 손'은 어떤 의미를 가지고 있는가?

먼저 '보이지 않는 손'에 대한 자유방임주의적 해석은 다음과 같다. 첫째, 사회적 행위의 출발점은 개인화된 인간의 이기심이라는 점, 둘째, 사회적 관계와 상호작용은 타인의 이타주의가 아니라 타인의 이기심에 대한 호소를 통해 발생한다는 점, 셋째, 여러 차원에서 개인 간 이해관계의 추구로부터 모든 사람과 공동체의 이해관계가 만족된다는 점, 마지막으로 국가란 치안 위주의 소극적 의미로서 단지 시민의 생명과 재산과 자유를 보존하는 데 그 존재의 필요가 있다고 보는 것 등이다. 이러한 자유방임주의적 해석에 따를 경우, 스미스의 정의 개념은 합법성의 관점에서 '교환적 정의'에만 한정된다.

하지만 스미스가 자유방임주의에 대한 교조적 옹호자가 아니었다는 입장, 그리고 그가 정부의 광범위하고 탄성적인 활동을 대변하고 있다는 입장을 수용할 경우, 그의 정의 개념은 개인의 행복 추구라는 협소한 의미를 넘어 사회적 차원에서의 '분배적 정의'로 확장된다.[19] 요컨대 스미스는 고전적인 자유방임주의 국가의 정의 개념을 초월해, '자연적 자유체계' 속에서 정의의 유지와 공공선의 창출을 위해 국가의 적극적인 역할 수행과 그 책임을 주장하고 있는 것이다.

그렇다면 그는 왜 『도덕감정론』을 ('자유'나 '정의' 혹은 '이기심'이나 '이해관계'가 아니라) '공감'이라는 도덕감정에서 시작했을까? 다음의 인용처럼 인간은 본성적으로 자신과 자신의 일에 우선 주목하는 존재임을 알고 있었으면서 말이다.

> "모든 인간은 천성적으로 무엇보다 그리고 주로 자신을 돌본다. (…) 모든 사람은 다른 사람들에 관계된 사항보다 자신과 직접 연관이 있는 사항들에 보다 깊은 관심을 가진다."(2부, 2편, 2장)

그리고 만약 이러한 이기적 성향이 타인과 더불어 생활하는 인간에게 유일하게 가장 중요한 일이라고 한다면, 스미스는 왜 도덕률의 토대로서 공감을 상정하고 있는가? 여러 번 강조했듯이, 공감이라는 감정은 모든 인간들이 느끼는 공통의 본성으로, 인간행위의 도덕적 적정성과 부적정성, 그리고 그 행위의 인정과 부인을 판단하는 중요한 척도이다. '공정한 관찰자'도 이 척도 속에 존재한다.

> "타인을 희생시킴으로써 각자가 타인의 행복보다 자신의 행복에 대해 가지게 되는 자연적 선호에 몰두하는 것은 공정한 관찰자가 공감할 수 있는 행위가 아니다."(2부, 2편, 2장)

이러한 점들을 토대로 스미스의 '보이지 않는 손' 혹은 명백하고 단순한 '자연적 자유체계' 개념을 이해해보면 이렇다.

이 개념은 인간행동의 '의도하지 않은 결과들'의 협동의 산물로서 '사회적으로' 유익한 자생적(자연스러운) 질서를 만들어내는 기제이다. 즉, 이기적 행위자들의 행동으로부터 사회적으로 유익한 결과가 초래되는 바로 그 과정을 가리킨다. 더구나 이때 개인의 행동은 사회의 공공선을 그 목표로 설정하지도 않았다.

사실 '보이지 않는 손'은 공감, 자혜, 보상감정, 그리고 보상감정의 토대 위에서 구축된 정의, 인간에게서 다양하게 나타나는 감정들의 적정성과 부적정성, 또한 이를 바탕으로 어떤 행위에 대한 인정과 부인이라는 감정 등의 자연스러운 상호작용을 내포하고 있는 개념이다.

스미스는 원래 이 단어를 『천문학사』라는 저서에서 '주피터의 보이지 않는 손'을 언급할 때 처음 사용했다. "불이 타오르고 물이 신선해진다. 천체가 내려앉고 가벼운 물질이 공중으로 날아간다. 이것은 그들 자신의 성격의 필연성에 기인한 것이다. 우리는 주피터의 보이지 않는 손이 그런 일들에 관여하고 있다는 것을 이제껏 알지 못했다." (4부, 1장에서 재인용)

스미스가 인용한 '주피터의 보이지 않는 손'은 정상적인 과정 속에서 자연스럽게 이행되는 행위의 과정들을 의미하는 게 아니다. 엄밀히 말해, 이 개념은 『도덕감정론』과 『국부론』에서 사용되는 '보이지 않는 손' 개념과는 다르다. 이때 신화적 주인공인 주피터의 보이지 않는 손은 자연적 질서에 역행함을 의미하기 때문이다. 반면 『도덕감정론』과 『국부론』의 그것은 자연적 질서를 복원하는 의미에서 사용되고 있다.

『도덕감정론』과 『국부론』 사이에 '보이지 않는 손'에 대한 관점 차이는 존재하지 않는다.[20] 두 저작은 공히 '이기적인' 인간들이 도덕감정을 가지고 평화롭게 함께 살아갈 수 있으며, 또한 경제적 영역에서 서로 생산적인 삶을 영위할 수 있는 방법을 확인하려는 상보적인 시도이다. 물론 이기심이 경제를 몰고 갈 수 있을 것이다. 하지만 스미스는 상인과 힘 있는 자의 특수한 이익에 앞서 사회구성원 전체의 복지를 주장한다. 또한 자유경쟁을 방해하려는 제조업자들을 책망하며, 이들을 도와주는 정부를 비난한다.

스토아학파의 자연에 따른 삶에 대한 스미스의 강조, 즉 개인의 '자연적 자유'에 대한 그의 강조는 18세기의 '자기애' 강조나 흔히 주장되듯 『국부론』의 이기심과 같은 것에 대한 강조와는 전혀 다른 성질의 것이다.

정리하면 이렇다. 스미스는 인간이 타인과 어울려 살아가고 일하는 방법들을 찾고자 노력할 때 사회의 조화는 자연스럽게 이뤄질 것이라고 생각한다. 그리고 사회질서를 유지시키는 건 정치가의 지속적인 감독을 필요로 하는 일이 아니다. 사회질서는 인간본성 혹은 도덕감정의 산물로서 유기적으로 성장한다. 이것이 제대로 성장하고 효율적으로 작동하기 위해서는 도덕적 적정성에 의거해 자유 교환이 이뤄지며, 강제가 없는, 공개적이고 경쟁적인 시장이 필요하다. 스미스에게 시장은 구성원들 간의 소통을 원활하게 만드는 하나의 공간이며, 소통은 인간의 자연적 감정인 '공감'을 매개로 한다.

하지만 이것만으로 상업사회의 질서가 완성되는 것은 아니다. 공개적이고 경쟁적인 시장이 자연스럽게 작동하기 위해서는 규칙이 필요하다. 이 규칙들은 곧 중상주의적인 권위의 간섭이 없는 정의와 도덕성의 규칙이다.

국가는 자연적 자유체계의
최종적 수호자이다

하이에크의 '위대한 사회'에 보내는 스미스의 반박문을 대신하여

여러 번 반복되지만, 스미스의 "자연적 자유체계"는 '보이지 않는 손'이란 상징에 그 모든 의미가 함축돼 있다. 스미스는 이 체계로 어떤 사회질서를 구상하고 있었을까?

> "(…) 특혜를 주거나 제한을 가하는 모든 제도가 완전히 철폐되면, 분명하고 단순한 자연적 자유체계가 스스로 확립된다. 이 체계 하에서 정의의 원칙을 위반하지 않는 한, 모든 사람은 완전히 자유롭게 자신의 방식대로 자신의 이해관계를 추구한다. 또한 그들은 자신의 근면과 자본을 바탕으로 누구와도 완전히 자유롭게 경쟁할 수 있다."(『국부론』, 4편, 8장).

이 개념은 자본주의체제 안에서 자연스럽게 '시장'과 연결되면서 국가(정부)의 역할까지 한정한다. 시장에 대한 절대적 신뢰를 통해, "경제는 국가의 간섭이 부재할 때, 가장 잘 작동한다"는 정리는 여기서 비롯하는 것이다. '최소 정부' 혹은 '최소 국가'로 호출되는 국가란 오로지 '필요악'으로서의 존재 이유만을 가질 뿐이다.

이런 입장을 대변하는 학자들로, 하이에크Friedrich August von Hayek(1899~1992), 프리드먼Milton Friedman(1912~2006) 그리고 노직Robert Nozick(1938~2002)을 꼽아볼 수 있다. 『도덕감정론』에 대한 직접적인 독해와는 동떨어진 감이 있지만, "자연적 자유체계"와 그 연장선상에서 스미스의 국가에 대한 이해를 살펴보기 위해 대표적인 시장지상주의자인 하이에크의 '보이지 않는 손'에 기초한 논의들을 검토해보기로 한다. 그런 다음 이를 바탕으로 스미스의 자연적 자유체계와 국가에 대한 의미를 재구성해보고자 한다.

필자가 생각하기에, 하이에크 사상의 출발점은 무엇보다 1930년 대의 사회주의 경제학자들과의 논쟁에 기인한 것이다. 하이에크에게 '보이지 않는 손'은 '자생적 질서'로서 데카르트의 "구성적 합리주의"에 대한 비판의 토대이자 산물이다.[21]

그는 인간의 인식 혹은 이성이 불완전하다고 생각했고, 이러한 맥락에서 사회주의 경제의 중대한 실수를 지적한다. 그 실수란 사회가 작동하는 방식에 대한 합리적 이해를 토대로 사회를 계획하고 조직할 수 있다는 관념에 있다. 인간의 지식은 불완전하다. 그런데 그 불완전한 지식을 기반으로 합리적 계획에 따라 사회를 건설하고자 하는 시도는 "치명적인 자만"을 초래할 뿐이라고 그는 생각한다. 하

하이에크

이에크에게 최고의 선은 인간 평등이나 사회 정의의 실현이 아니라 개인의 자유와 그 영역을 최대한 보장하는 데 있다. 이 생각은 1960 년에 출간된 그의 저서 『자유헌정』에 잘 나타난다.

그는 '자유' 개념에 대해 어떻게 설명하고 있었을까? 그는 개인의 자유를 "어떤 사람이 다른 사람의 자의적 의지에 의해 강제당하지 않는 상태" 혹은 "타인의 자의적 의지로부터의 독립"(Hayek, 1960)이라 정의하고 있다. 반면 강제는 자유에 대한 제약이며, "내가 다른 방식으로 행동할 수 있는 영역 안에서의 타인의 의도적 간섭"(Hayek, 1960)으로 규정한다. 이런 맥락 하에서 하이에크는 근본적으로 최소 정부와 개인행동에서 최대한의 자유를 핵심으로 하는,

전통적(고전적) 자유주의의 토대들을 재형성하고자 한다. 정리하자면, 자유주의란 "자유시장경제, 제한적 정부 그리고 개인의 자유를 고양시킴으로써 근대 문명을 발전시켜온 위대한 정치적·지적 운동"이다.[22]

하이에크는 자생적 질서인 스미스의 '보이지 않는 손'이 이러한 종류의 개인의 자유를 최고로 보장해주는 메커니즘이라 생각한다. 그래서 그는 인간 무지의 산물인 '자생적 질서'—시장—와 객관적 실체로서 인간 정신의 산물인 '인위적 질서'를 구분한다. 그리고 사회의 기본 질서는 "인간이 설계한 결과가 아니라 수많은 사람과 조직이 행동한 산물"이라는 관점에서, 인위적 질서가 아닌 자생적 질서로 본다.[23] 그는 이 자생적 질서의 발전을 역사의 발전 혹은 역사의 진화로 간주한다.

하이에크가 보건대, "인간은 목적을 추구하는 동물이 아니라 규칙을 따르는 동물이다."(Hayek, 1973) 여기서 '규칙'이란 무지한 인간으로 하여금 상황 변화가 일어났을 때, 그에 반응하도록 하는 일정한 행동 양식이다. 물론 이 규칙에 따라 행동할 경우에도 더 나은 결과들을 얻을 수 있으리라는 보장은 어렵다고 그는 단언한다. 그런데도 인간이 규칙을 따르는 이유는 어디에 있는가?

그에 따르면, 우선 자생적 질서는 복잡하고 추상적이어서 인간이 이것의 존재를 인식하는 것은 불가능하며, 구체적인 목적도 가지고 있지 않다. 그리고 규칙은 "이를 따르는 인간에게 명시적으로 공표됨이 없이 작동하는 규범"(Hayek, 1973)인 동시에, 적자생존을 통해 진화한다. 다시 말해, "동물과 마찬가지로 인간들 사이에서도 경험을 통한 학습은 (…) 성공적이었기 때문에 널리 유포된 습관의 관찰, 보급, 전달 및 발전의 과정이다."(Hayek, 1973) 이 습관은 "실행자 개인이 인식했기 때문이 아니라, 개인이 속한 집단의 생존 기회를 증대시켰기 때문에 채택된다."(Hayek, 1973) 요컨대 규칙의 폐지와 선택 기준은 인간이성에 있는 것이 아니라 그 성공 여부에 달려 있는 것이다. 결국 이렇게 규칙도 하나의 성공한 진화의 과정이다.

이렇게 하이에크의 결론은 자생적 질서가 진화 과정의 의도하지 않은 결과라는 것으로 모아진다. 속뜻을 좀 더 풀어보자. 첫째, 인간 행동이 어떤 일반적·추상적 규칙에 의해 지배당할 경우, 개인은 자신의 독자적 행동을 통해 의도하지 않았던 진화적 결과들을 체험하고, 이를 통해 전체적 질서를 창출하게 된다는 점이다. 둘째, 자생적 질서의 형성을 위해 작동하는 추상적 규칙들 자체가 어떤 진화적 과정의 의도하지 않은 결과라는 점이다. 하이에크의 자생적 질서 개념에 내포되어 있는 이러한 의미들은 결국 앞에서 인용됐던 『도덕감정론』의 다음 문장과 일맥상통한다.

"그들(부자들)은 보이지 않는 손에 이끌려 토지가 모든 주민들에게 동등한 몫으로 분할될 때 행해지는 것과 거의 같이 생활필수품을 분배한다. 그리하여 의도하거나 알지 못하면서도 이렇게 사회의 이익을 증진시키고 종족의 증식 수단을 제공한다."(4부, 1장)

그러나 '공공선택이론'[24]으로 1986년 노벨경제학상을 수상한 뷰캐넌James M. Buchanan(1919~2013)은 자신의 저서 『자유의 한계들』에서 하이에크의 이러한 진화적 합리주의에 대해 비판적으로 접근한다.

예컨대 "나는 사회의 진화 과정이 효율적이라는 것을 결코 믿지 않는다. 살아남아 번영하는 제도들이 반드시 인간의 잠재력을 극대화하는 것이라고 볼 근거는 없다"(Buchanan, 1975)거나 "제도는 진화하지만 살아남아 번영하는 제도들이 이 제도 밑에서 생활하는 사람들에 의해 가장 최선으로 평가될 필요는 없다"(Buchanan, 1975)는 언급은 그의 태도를 분명히 보여준다. 요컨대 자생적 제도들이 효율성을 구현하고, 인위적 설계들이 일반적으로 비효율적이라는 하이에크의 주장에 상당한 오해의 소지들이 있다고 뷰캐넌은 결론 내린다 (Buchanan, 1977).

이제 하이에크가 말하는 사회정의, 사회복지 그리고 카탈락시 catallaxy[25]의 개념에 관해 검토해보기로 하자. '카탈락시'란 하이에크가 서로 다른 가치체계를 가진 개인들이 서로에게 필요한 물건과 서비스를 주고받는 '자율적인' 시장질서를 지칭하기 위해 사용한 개념이다.

하이에크에게 정의란 특별한 목적의 달성에 관한 것이 아니라 행동규칙의 적절한 판결에 관한 것이다. 따라서 정의는 자생적 질서의 결과들과 직접적으로 연관성을 가지지 않는다. 정의는 소극적이고, 절차적인 성격을 지니는 것으로, 요컨대 인간행동의 속성이다. 이 맥락에서 정의로운 행동규칙이란 목적 의존적인 조직의 규칙과는 대조적으로 자생적 질서의 형성에 봉사하는 '목적 독립적인' 규칙을 기술하고자 선택된 개념이다.

그렇다면 인간 지식의 불완전성과 절차적 과정으로서의 정의라는 관점에서 사회정의는 어떻게 이해될까? 하이에크의 저서 『법, 입법 그리고 자유』 제2권의 소제목은 '사회정의의 신기루(망상)'이다. 사회정의가 망상이라니……

일반적으로 사회정의 혹은 경제적 정의는 '사회행동'에 의거해 개인과 집단을 상대하는 것으로 받아들여진다. 이때 사회정의란 곧 분배적 정의이다. 하지만 하이에크는 정의를 오직 '개인행동'에만 관련시켜 이해한다. 이러한 그의 입장에서 보면, 사회에 정의를 적용한다는 것은 '범주적 오류'에 해당할 뿐이다.

그는 오늘날 사용되고 있는 사회정의를 사회적 규범으로 인식한다. 사회정의는 사회의 진화 과정에서 개인행동의 실천으로부터 발전한 규범이라는 점에서 사회에 '강요된' 개념이라는 의미다. 풀어보자면, 국가가 사회정의를 내세우면서 산출의 평등이나 분배적 정의를 도모하고자 개입하는 것은 개인의 자유에 대한 침해나 억압을 의미한다. 사회정의의 이름으로 국가가 개인이나 집단에게 특정한 분배양식을 강요하는 것도 자연적 질서인 시장질서를 파괴하는 행위다. 하이에크에게 특정한 분배양식의 실천과 시장질서의 유지는 결코 양립할 수 없는 성격의 것이다. 예컨대 복지국가 창출을 위해 누진세나 부자증세를 실시하는 것은 정당하지 않다고 그는 생각한다.

하이에크에게 시장질서, 즉 카탈락시는 "서로 다른 궁극적 목적을 가진 상대가 그 중요성에 대한 합의 없이 오로지 호혜주의 원리에 기초해 자원의 효율적 배분을 가능하게 해주는 유일하게 알려진 방법이다. 카탈락시가 중요한 까닭은 개인의 이기심 여부를 떠나 여러 가지 지식과 목적들을 조화시켜준다는 데 있다. 그 어떤 정교한 조직보다 카탈락시가 우월한 이유도 서로 알지 못하는 사람들의 목표를 대부분 더욱 진전시키기 때문이다."(Hayek, 1976) 카탈락시가 작동하는 사회에 대한 그의 결론은 이렇다.

> "위대한 사회에서는 단지 개인의 목표가 다양해서가 아니라, 다양하다는 그 이유로 인해 서로 다른 구성원들이 각각의 다른 노력으로부터 이익을 얻게 된다."(Hayek, 1976)

위대한 사회의 기본적인 작동 원리인 카탈락시는 스미스의 '보이지 않는 손'의 조화로운 작동처럼 공동의 구체적인 의도와 목적을 가지고 있지는 않다. 하지만 카탈락시는 다양한 목적들을 조화시키고, 모든 사람들에게 이익을 가져다주는 과정을 창출해낸다. 이 과정에서 국가는 '죽은 손'으로서 단지 최소한의 임무들—즉, 개인의 생명과 재산 그리고 자유의 지킴이 역할—을 수행하면서 이 과정을 그저 바라만 보아야 한다.

그런데 이 카탈락시 체계 속에서 개인의 삶은 어떤가? 카탈락시의 핵심 기능은 경쟁을 만들어내는 데 있다. 인간의 지식이 완전하다면, 경쟁은 존재하지 않을 것이다. 하지만 현실은 그렇지 않다. 경쟁은 분산된 지식을 활용해 개인에게 자신의 능력을 최대한 발휘할 수 있는 기회를 제공하고, 그로부터 합리적 행동을 유도하는 '발견 과정'이다. 오늘날 신자유주의적 자본주의체제에서 아주 많이 회자

되고 있는 '무제한의 경쟁'은 바로 이러한 관념에 기초하고 있다.

1990년대 사회주의 국가들의 붕괴와 더불어 위세를 떨치기 시작한 신자유주의는 하이에크, 프리드먼 등의 자유시장경제학자와 노직과 같은 철학자가 발전시킨 고전주의 정치경제학에 대한 최근의 해석이다. 신자유주의의 중심축은 응당 시장과 개인이다. 이 이념의 목표는 통제받지 않는 시장자본주의가 효율성, 성장 그리고 포괄적인 번영을 가져다줄 것이라는 믿음 속에서 국가의 영역을 최소화하는 데 있다. 이 맥락에서 국가란 '죽은 손'이며, 아무리 잘 계획됐다 하더라도 정부의 간섭은 인간에게 해로운 영향을 끼칠 뿐이다.

이 이념의 주창자 하이에크에게 '사적인 것은 좋고, 공적인 것은 나쁘다.' 그는 스미스의 '보이지 않는 손'을 개인주의 그리고 무제한의 경쟁에 기반을 둔 시장지상주의를 위한 이념으로 일방적으로 해석한다. 경제적 관점에서 볼 때, 그의 신자유주의는 자본의 논리에 기반하고, 그 논리를 절대적으로 옹호하기 위한 이념에 불과할 뿐이다. 경제는 국가가 간섭하지 않을 때 가장 잘 작동한다고 그는 주장한다. 하지만 역사적 사실에 비춰, 과연 경제는 국가가 간섭하지 않을 때 가장 잘 작동했고, 그래서 시장은 성공을 거두었는가?

필자는 가끔 스미스가 예견한 사회질서가 진정 하이에크에 의해 제대로 달성됐는지 고민해보곤 한다. 나아가 스미스가 과연 하이에크의 입장에 긍정적인 반응을 보일 수 있을지 상상해보곤 한다. 하지만 필자의 판단으론, 스미스의 회답은 부정적이다. 무엇보다 스미스는 공정하고 정의로운 사회질서의 토대를 인간의 도덕감정, 특히 '공감'과 타인에 대한 인정과 부인에서 찾고 있기 때문이다.

하이에크의 자생적 질서 혹은 시장질서 속에서 법과 정부는 근본적으로 개인이 자신의 목적을 추구할 수 있는 기본적 틀만을 제공할 뿐이다. 더구나 시장에 의해 초래된 불평등의 대가들마저 발전하는 사회, 즉 위대한 사회의 건설을 위한 필요조건이 된다. 개인들 사이의 경쟁이야말로 개인을 발전시키며 개인의 행복을 추구하는 지름길이다. 이런 측면에서 하이에크는 충실하고 진실한 반평등주의자이다. 하나의 목표를 강요하는 민족주의나 사회주의는 자유문명 최대의 위협이라고 단정하면서 그는 이렇게 진술한다.

> "필요할 경우 특정 가치들에 대한 공동의 저울이 강요돼야 선한 것이라는 관념이 인류의 역사에 깊이 뿌리박혀 있다. 하지만 오늘날 이 지적인 방어는 주로 공동의 목표가 개별적 행동들을 하나의 질서로 통합시키고 평화를 위해 필요하다는 잘못된 믿음에 근거한다. (…) 위대한 사회는 (…) '연대'와는 아무런 상관이 없으며, 또한 사실상 조화될 수 없다."(Hayek, 1976)

하이에크의 소박한 논리에 따르면, 개체로서의 개인이 존재할 뿐이고, 사회는 이러한 개인들의 능력을 최대한으로 발휘시키는 무대장치일 뿐이다. 사회는 존재하지 않는다. 또한 국가도 '죽은 손'으로서 최소한의 임무만 수행하면 된다. 그것이 국가가 존재하는 유일한 이유다.

스미스에게 사회결속과 사회질서의 토대인 '공감'이라는 도덕감정은 이른바 하이에크의 "위대한 사회" 건설을 위해서는 아무짝에도 쓸모없는 감정에 불과할 뿐이다. 개인 역시 동정이나 연민과 같은 도덕감정을 가질 필요가 없다. 하이에크가 상정한 그 사회에서는 개인행위의 적정성이나 부적정성 그리고 이 행위에 대한 인정과 부인 역시 불필요한 감정에 불과하다.

여기서 질문 하나를 던져보자. 하이에크 식의 시장질서가 구현된 자본주의체제를 작동시키는 경쟁원리는 과연 개인의 안락과 행복을 궁극으로 삼는 원리일까? 결코 아니다. 자본주의체제에서 경쟁이 의도하는 바는 분명하다. 바로 자본의 증식이다. 하지만 자본이 증식된다고 사회구성원 전체의 복지가 증대되지는 않는다. 현실은 그와는 정반대의 형국을 자주 연출하고 있다. 이러한 자본의 목적에서 나타나는 폐해들을 막고자 유럽에서는 사회자본주의가 등장했고, 최소국가를 극복하려는 복지국가가 속속 출현했다.[26]

어떤 사람들은 이렇게 주장할지 모른다. 하이에크도 '보이는 손'인 국가의 복지적 역할을 전적으로 무시했던 것은 아니라고 말이다. 그렇다. 그는 국가의 최소한의 복지 역할을 인정했다. 예컨대 공원, 사회보험, 자선단체를 통한 최저소득 보장, 시장 의존 시 공급 부족을 겪게 될 수 있는 공공재의 국가조달 등의 것들이다. 그러나 이 '최소한의 복지'는 시장의 원활한 작동을 방해해서는 안 된다는 조건 하에서만 가능하다. 만약 국가의 복지정책이 시장의 자유롭고 조화로운 질서를 저해할 경우, 그것은 국가의 공정치 못한 간섭, 나아가 개인의 자유를 침해하는 것으로 간주된다. 여러 차원에서 그의 논리를 종합해볼 때, 그는 충실한 반평등주의자, 최소국가론자 그리고 시장지상주의자였다.

그렇다면 시장지상주의자 하이에크는 시장경제의 대가 유형이 정당하다고 생각했을까? 그렇지 않다. 그는 노골적으로 이 부분에 대한 논의를 생략하고 있다. 앞서 언급했듯이 그에게 정의란 순전히 절차적 의미만을 지닐 뿐이다. 시장경제에서 대가는 시장에서 평가된 타인의 욕구에 대처함으로써 발생한다. 다시 말해 그의 카탈락시적 정의도 경쟁의 결과가 아니라 경쟁이 이루어지는 방식과 관련해서만 논의된다. 따라서 사회정의라는 관념은 사회가 어떠해야 한다는 설계를 담고 있으며, 개인이 해야 할 일을 지시·통제하는 경제에서만 의미가 있다고 하이에크는 주장한다. 이러한 맥락에서 그는 자신의 생각에 대한 공헌을 이렇게 표현하고 있다.

"내가 아직도 동료들에게 줄 수 있는 가장 큰 봉사는, 내가 사회정의라는 단어를 변함없이 다시 사용하는 사람들을 철저하게 부끄럽게 만들었다는 점이다."(Hayek, 1976)

이 언급을 스미스가 접했다면, 그는 과연 어떻게 대응했을까?

"우리가 그 안에서 태어나고 교육받았으며 또한 그 보호를 받고 살아가는 주권국가는 가장 큰 사회로서, 우리의 선행이나 악행은 일반적으로 이 사회의 행복과 불행에 많은 영향을 준다. 따라서 자연은 가장 큰 이 사회를 우리가 선행을 베풀어야 할 대상으로 강력하게 권장한다. 우리 자신, 친근한 애정의 대상들, 즉 자손, 부모, 친족, 친구, 은인 그리고 우리가 응당 사랑하고 존경하는 모든 사람들이 여기에 포함된다. 그리고 그들의 번영과 안전은 국가의 번영과 안전에 어느 정도 의존한다."(6부, 2편, 2장)

"조국에 대한 사랑은 그 안에 일반적으로 두 개의 원리들을 포함한다. 첫째는 실제로 확립되어 있는 국가의 정체, 정부형태에 대한 일정한 존경과 경의이고, 둘째는 동료시민들의 인간적 조건을 가능한 한 안전하고 품위 있게 하며 행복하게 하려는 진지한 바람이다. (…) 또한 자신의 능력 범위 내에서 가능한 한 모든 방법으로 동료시민으로 구성된 전체 사회의 복지를 증진시키기를 원하지 않는 사람은 확실히 좋은 시민이 아니다."(6부, 2편, 2장)

이것이 스미스의 대답이었다. 사회나 '가장 큰 사회(국가)'는 단지 개인들이 경쟁을 통해 자신들의 능력만을 발휘하는 장소가 아니다. 그것은 개인들의 공감, 선행, 정의, 사회적이거나 비사회적인 열정 그리고 이기적 열정 등이 행동의 적정성과 부적정성의 원리 속에서 복합적으로 상호작용하는 공동체다. 로크가 정치권력의 자의적·임의적 행사에 대항해『통치론』을 저술했듯이, 스미스 또한 인간의 자연스러운 도덕감정에 위배되는 비사회적·이기적 인간행동들을 비판하면서 공동체의 건전한 발전과 개인의 행복을 동시에 달성하고자 했다.『도덕감정론』과『국부론』은 그의 이러한 의지가 피력된 저술이다.

이제 『도덕감정론』에서 중요한 개념이자 하나의 상징체계 그리고 도덕감정들의 복합적 산물로 이해되고 있는 "자연적 자유체계"에 대해 본격적으로 살펴보기로 하자. 이를 위해 『도덕감정론』에서 제시되고 있는 견해들을 근거로 삼아 『국부론』의 내용을 먼저 검토해볼 필요가 있다.

스미스는 자신의 도덕철학 강의를 원래 네 부분—자연종교, 윤리학, 법학 그리고 정치경제학—으로 구성한다. 이후 윤리학[28] 강의는 1759년 『도덕감정론』으로, 정치경제학 강의는 1776년 『국부론』으로 출간한다(즉, 『도덕감정론』이나 『국부론』은 스미스의 '도덕철학' 강의의 일부였다).

스미스는 정치경제학을 "정치가나 입법자의 과학의 한 분야"로 정의하고, 여기에 두 가지 목적을 둔다.

> "첫째, 국민들로 하여금 스스로 충분한 수입이나 생필품을 얻을 수 있도록 한다. 둘째, 공공 서비스를 제공하는 데 대해 국가에게 충분한 수입을 제공한다. 즉, 정치경제학은 국민과 국가 모두를 부유하게 만드는 것을 계획한다."(『국부론』, 4편, 서론)

『국부론』은 사회 분화가 촉발된 18세기의 시대적 상황—상업사회의 출현과 번성—속에서 당시 경제체계에 적정한 실천적 규범들에 관한 담론들과 시민사회의 정당성에 대해 논의하고 있다. 다시 말해『국부론』은 봉건적 지배체제의 붕괴와 더불어 도래한 상업사회, 즉 "자연적 자유체계"에서 발생하는, 상업과 '자유'간의 새로운 상호관계들의 도덕적·정치적 결과들을 다룬다.『도덕감정론』이 개인의 사회화에 대한 사회심리적 과정을 연구한다면,『국부론』은 상업사회로의 발전 과정에 적절한 제도들을 다룸으로써 사회화된 인간들에 의해 초래된 사회경제적 결과들을 연구하는 것이다 (Heilbroner, 1982 참조).

스미스는『국부론』에서 '보이지 않는 손'인 시장과 '보이는 손'인 국가의 중요한 임무들을 지정한다. 스미스가 보건대 국가의 부富는 번영을 위한 충분조건이 아니라 필요조건에 불과하다. 또한 사적 이해관계의 토대 위에서 발생하는 경제활동도 인간 존재의 궁극적 목표가 아니다. 이는 단지 개화된 생활을 위해 필수적인 수단일 뿐이다.

첨언하자면, '자기 조절적 기제'인 시장, 즉 '보이지 않는 손'이 인간에게 최대의 행복을 담보하진 않는다. 또한 '보이지 않는 손'이 제대로 기능하도록 하기 위해서는 '보이는 손'인 국가가 반드시 돌봐줘야만 한다. 왜냐하면 시장 메커니즘 자체는 긴장관계 혹은 갈등관계 속에서 행동하는 개별 이익들을 어떤 긍정적인 전체로 배열하지 못하기 때문이다. 요컨대, 국가란 시장행위의 전제조건이기 때문에, 법이 존재하지 않는다면, 적어도 효율적 의미에서의 시장은 결코 존재하지 않을 것이다. 법은 시장의 작용, 대리자들의 경제활동들 그리고 '보이지 않는 손'의 작용에 선행하는 것이다. 시장은 상업사회의 발전과 함께 더 넓은 영역과 자유를 인정받았지만, 여전히 국가가 법과 통제의 구성체계를 규정한다고 스미스는 생각한다.

사실 스미스의 도덕감정체계는 인간이성에 따라 단지 조화롭고 자연스럽게만 구성돼 있는 게 아니다. 이 체계 안에 자리 잡고 있는 인간본성의 상이하고 다양한 동인들은 병존하지 못한 채, 빈번한 갈등관계로 빠져들기도 한다. 이 경우에 있어서도 도덕감정들 중 특히 정의감정이 주관적·경제적 개선에 기초를 두고 있는 동인들보다 더 중요하다고 스미스는 생각한다. 따라서 스미스적 근대국가에서는 정의가, 예컨대 분업에 의해 고차원의 인간적 성향들이 전반적으로 위축되고 저지된 다수의 계층을 돌볼 의무를 가진다.

상업사회에서 분업이 초래하는 부정적 영향, 즉 노동하는 사람들의 정신적 황폐에 대해 스미스는 이렇게 말하고 있다.

"분업이 발전함에 따라 노동으로 생활하는 사람들 대부분의 직업이 단순한 몇 가지로 제한된다. 대다수 사람들의 이해력이 필연적으로 그들의 일상적 직업에 의해 형성된다는 것을 받아들인다면, 자신의 일생을 몇 가지 단순한 노동에 바치는 사람들은 (…) 예기치 못한 어려움을 제거할 방법을 찾기 위해 자신의 이해력을 발휘하거나 창조력을 행사할 기회를 가질 수가 없다. 이들은 그렇게 노력하는 습관을 자연스럽게 상실해가고, 인간으로서 둔해지고 무지해진다. 이후 정신은 마비 상태에 빠지고, 합리적인 대화를 하거나 그런 대화에 참여할 수 없을 뿐만 아니라, 관대하고 고상하며 온화한 감정들을 느낄 수 없게 되고, 사생활에서도 수많은 일상적 의무들에 대해 정당한 판단을 내릴 수 없게 된다.

이들은 조국의 중대하고 광범위한 이해관계에 대해서도 전혀 판단할 수 없다. 이들이 그런 상태에 빠지지 않도록 국가가 특별하게 노력하지 않는다면, 이들은 전쟁이 일어난다 하더라도 조국을 방어할 수가 없다.

단조로운 생활로 인해 이들은 정신적 용기도 상실한다. (…) 또한 단조롭고 정체된 생활은 신체의 활동력을 부식시켜, 그때까지 배워온 직업 이외의 어떤 직업에서도 활기 있고 참을성 있게 자신의 능력을 발휘할 수 없게 만든다. (…)

발전되고 문명화된 모든 사회에서 노동빈민, 즉 대다수의 국민들은 정부에서 이를 방지하기 위해 노력하지 않는 한, 필연적으로 이런 상황에 빠져들고 만다."(『국부론』, 5편, 1장)[28]

이러한 상황에 대해 스미스가 제시하고 있는 처방은 다음과 같다.

"발전한 상업사회에서는 어느 정도 지위와 재산을 가진 사람들을 교육하기보다는 서민교육에 더 많은 사회적 관심이 필요하다. 어느 정도의 지위와 재산을 가진 사람들은 대개 18~19세가 되면 스스로 출세하려는 영역에서 특정한 사업을 벌이거나 직업을 갖고 상업 활동 등을 시작한다. 그때까지 이들에게는 존경받을 만한 사람이 되게 하는 모든 교양을 습득할 시간이 충분했고, 적어도 후에라도 그런 교양을 습득할 시간이 충분하다. 부모나 보호자들은 이들이 그런 교양을 습득하기를 열망하며, 대개 이 목적에 필요한 비용을 지출하는 데 전혀 주저하지 않는다. (…)

어느 정도의 지위와 재산을 가진 사람들이 생애의 대부분을 바치는 직업은 서민의 직업처럼 간단하고 단조롭지 않다. 이들의 거의 모든 직업은 복잡하며, 손보다는 머리를 주로 사용한다. 이런 직업에 종사하는 사람들의 이해력은 머리를 사용하지 않아 둔해지는 경우가 별로 없다. 게다가 이들의 직업은 일반적으로 아침부터 저녁까지 그들을 괴롭히지 않는다. 이들은 보통 많은 여가시간을 가지며, 그때 젊은 시절 기초를 닦았거나 어느 정도 취미가 있던, 유용하거나 과시용의 지식들을 연마할 수 있다. (…)

어떤 문명사회에서든 서민들은 어느 정도의 지위와 재산을 가진 사람들만큼 충분히 교육받을 수는 없다. 하지만 교육의 가장 필수적인 부분, 즉 읽기, 쓰기, 셈하기 등은 아주 어린 나이에도 배울 수 있기 때문에, 최하급의 직업에 종사하게 될 사람들도 대부분 그런 직업에 종사하기 전에 그것을 습득할 시간이 있다. 아주 적은 비용으로 국가는 거의 모든 국민에게 가장 필수적인 부분을 습득하는 것을 쉽게 하고, 장려할 수 있으며, 또한 의무로서 강제할 수 있다."(『국부론』, 5편, 1장)

스미스에게 교육을 통한 국민들의 교화나 계몽은 시장이 가지는 효율성의 논리를 벗어나 사회의 안정적인 질서 유지, 발전 그리고 통합을 위해 상당히 중요한 요소이다. 그는 이렇게 덧붙인다.

"지적 능력을 적절히 사용하지 못하는 사람은 겁쟁이보다 더욱 경멸할 만하며, 인간성의 더 본질적 부분에서 불구나 기형이 되는 것과 같다. 비록 국가가 하층민 교육으로부터 어떤 이득을 전혀 얻지 못한다 하더라도, 그들이 조금이라도 교육을 받도록 주의를 기울일 필요가 있다. 국가는 이들을 교육시킴으로써 적지 않은 이득을 얻는다. 이들은 교육을 받으면 받을수록 무식한 국민들 사이에서 종종 무서운 무질서를 낳는 광신이나 미신에 덜 빠지게 된다.

교육받고 지식을 갖춘 사람들은 무지몽매한 사람들보다 항상 예절 바르고 질서를 잘 지킨다. 무지몽매한 사람들보다 더 큰 자존심을 가지고, 합법적인 상급자로부터 사랑을 기대하며, 스스로도 상급자를 더 존경하는 경향이 있다. 이들은 당파적인 선동이나 이기적 불평을 심사숙고하며, 그 능력을 더 크게 갖는다. 이런 이유로 정부 정책에 대해 방자하거나 불필요한 반항을 더 적게 가진다.

정부의 안전이 정부의 행동에 대한 국민들의 호의적인 판단에 크게 의존하는 자유국가에서는 국민들이 정부의 행동을 성급하거나 변덕스럽게 판단하지 않도록 하는 것이 가장 중요한 문제이다."(『국부론』, 5편, 1장)

국가 역할에 대한 스미스의 이러한 생각은 인간의 본성에 내재한 다양한 도덕감정들 중에서 특히 '정의'라는 덕성을 사회의 기본적 토대로 간주하는 데서 비롯된다. 이 정의감정을 근거로 근대국가는 시장 독점을 저지하고, 소비자들에게 질 높은 재화와 서비스의 공급을 가능하게 하는 법들을 보장해야 한다.

오늘날 일반적으로 알려진 것과는 반대로, 스미스는 시장지상주의자도 최소국가론자도 아니다. 스미스가 구상했던 국가는, 경제적 측면에서 이점을 지니고 있는 분업이 사회적으로 초래하게 되는 부정적 영향들을 감소시키면서, 궁극적으로 자유와 평등과 정의를 구현한다. 그의 의무는 "완전한 자유와 정의의 자연적 체계" 속에서 무엇보다도 소외된 계층을 계몽하고 그들에게 지식을 장려함에 있다. 스미스의 국가는 중상주의 경제정책에서 나타나는 특수집단의 이익을 대변하는 조직이 아니라, 사회 전 계층의 일반적 이해관계를 대변한다. 그의 이러한 생각은 중상주의 비판에서 분명하게 드러난다.

"단지 한 계층의 이익을 증진시키기 위해 다른 계층의 이익을 다소 침해하는 것은 모든 계층의 국민들에 대해 위정자가 행해야 할 의무인 정의와 대우의 평등을 명백하게 위반하는 것이다."(『국부론』, 4편, 8장)

스미스의 정치경제학은 어떠한 학문이었던가? 바로 위정자와 입법자들을 위한 것이었으며, 또한 국민과 국가 모두를 부유하게 하려는 목적을 갖고 있었다. 스미스가 상업사회의 생산 활동에 대해 긍정적인 평가를 내린 것은 분명한 사실이다. 하지만 이를 토대로 그가 자본주의에 대한 무비판적인 옹호자라고 단정 지을 수는 없다. 그는 상업사회에서 대두될 수 있는 탐욕과 독점을 이미 잘 파악하고 있었다.

"인류를 지배해온 자들의 폭력과 부정은 오래된 악이며, 치유될 수 없는 것이라 생각한다. 그러나 인류의 지배자도 아니고, 또 지배자가 될 수도 없는 상인과 기업가들의 비열한 탐욕과 독점이, 비록 교정될 수는 없다 할지라도, 타인의 평온함을 교란치 못하도록 하는 것은 아마 쉬울 것이다."(『국부론』, 4편, 3장)

스미스는 "완전한 자유와 정의의 자연적 질서"를 의미하는 국가의 공적 정신은, 상인과 기업가의 도덕적 적정성을 넘어선 탐욕스러운 행위가 타인의 자유와 행복을 침해한다면, 국가는 이에 적극적으로 대처할 의무가 있다는 점을 분명히 지적하고 있다. 국가의 공적 정신의 적극적 실현, 즉 정의의 실현은 『도덕감정론』에서도 잘 나타나고 있다.

"부지런한 악인은 토지를 경작하고, 게으르고 선한 사람은 토지를 경작하지 않은 채 내버려둔다. 누가 수확을 할 것인가? 누가 굶주리고 누가 풍요롭게 사는가? 사물의 자연적 과정은 이것을 악인에게 유리하도록 결정한다. 그러나 인류의 자연적 감정은 덕이 있는 사람에게 유리하도록 결정한다. (…) 인간적 감정의 결과인 인간의 법은 근면하고 용의주도한 반역자의 생명과 재산을 몰수하고, 무분별하고 부주의하나 선한 시민의 충절과 공공정신에 대해 특별 보상을 한다."(3부, 5장)

스미스적 국가는 사회정책적 관점에서 여러 조치들을 통해 선한 시민의 충절과 공공정신을 보상하는 행위 주체다. 스미스에게 '국가는 상인이어서는 안 되며, 동시에 상인이 위정자여서도 안 된다.'

스미스는 자연적 자유체계에서 국가(국왕)의 임무와 역할을 세 가지로 설정한다.

"자연적 자유체계 하에서 국왕은 오직 세 가지 의무에 유의해야 한다. 이 세 가지 의무는 매우 중요하면서도 명백해서 보통의 이해력을 가진 사람이라면 누구나 이해할 수 있다. 첫째, 사회를 다른 독립적 사회의 폭력이나 침략으로부터 보호할 의무. 둘째, 가능한 한 사회의 각 구성원을 불의와 억압으로부터 보호할 의무. 셋째, 일정한 공공사업을 벌이거나 공공시설을 건설하고 유지할 의무. 그런데 공공사업을 벌이거나 공공시설을 건설하고 유지하는 일은 결코 일개인이나 소수의 이익에 적합한 게 아니다. 왜냐하면 그 이득이 사회 전체에 대해서는 그 비용을 보상하고 남는 경우가 종종 있지만, 일개인이나 소수에 대해서는 그 비용을 결코 보상할 수 없기 때문이다."(『국부론』, 4편, 9장)

다시 한 번 간단히 정리하면 이렇다. 첫째, 외부로부터 자국의 보호. 둘째, 법을 통해 사회에 존재하는 부정이나 억압으로부터 전체 사회구성원들의 보호. 셋째, 시민 개인이 이해관계를 이유로 행할 수 없는 공공사업이나 공공시설의 제공 등이다.

여기서 질문 하나를 던져보자. 만약 개인의 자유와 사회 전체의 안전이 서로 갈등을 일으킬 경우, 이 둘의 관계는 어떻게 설정되는가?

스미스는 사회 전체의 안전 보장과 공공의 복리 증진을 위해 개인의 자유를 제한할 수 있다고 생각한다. 그에게는 경제적 번영보다 안전의 보장이 더 중요한 요소다. 나아가 그는 특수한 경제적 기능과 관련해 국가의 적극적인 활동도 지정하고 있다. 예를 들면, 이자율 통제, 민간 은행가에 의한 소은행권 발행에 대한 통제, 계약 이행에 대한 강요, 국내 산업과 노동력을 보호하기 위한 무역자유화제도 도입 연기, 직업교육에 대한 강제력 행사, 자본의 생산적 사용을 위한 과세 등이다.

이러한 점들을 고려할 때, 스미스의 구상에 입각한 정부라면 정치경제학의 법칙들에 강제된 특수한 경우일지라도, 그에 맞는 적합한 정책들을 개발하고 수행할 수 있는 능력을 가지고 있어야 한다. 다양한 사회계층들 사이의 긴장관계를 반영하는 경제 역시 정치와 마찬가지로 하나의 권력체계인 까닭에, 이 권력관계의 균형을 유지하기 위해서는 국가의 적극적 역할이 요청된다고 하겠다.[29]

스미스는 전체 사회구성원들 간의 상호의존성에 대한 관념인 '보이지 않는 손'을 토대로, 자연적 자유체계 속에서 특정 계층의 이해관계와는 무관한 '경제정책의 제도화'에 대해 강조하고 있다. 이는 국가가 더 낮은 사회계층들에게 더 나은 생활환경을 제공하기 위해 봉사할 의무가 있다는, 도덕감정들에 대한 인식에서 출발한다.

물론 국가 활동의 목적은 계층과 상관없이 개인이 그들의 이해관계를 추구할 수 있는 조건들을 창출하고 유지시키는 데 있다. 그러나 도덕적 적정성의 범위를 초월하는 상인과 기업가의 탐욕과 독점 그리고 분업으로 인한 노동자들의 정신적 황폐화는 공평성의 원칙 하에서 작동해야 할 경쟁의 체계를 무의미한 것으로 만들어버렸다. 이런 이유로 여러 가지 전제조건들을 제시할 적극적 의무가 있는 국가의 간섭은 자연적 자유체계와 정의사회의 실현을 위해 경제적으로나 도덕적으로 정당한 일이라고 스미스는 생각한다.

　스미스는 '사물의 자연적 과정'으로 표현되는 '보이지 않는 손'이 모든 것을 가장 좋은 상태로 돌려놓는다고 가정하지 않는다. 그는 '사물의 자연적 과정'과 '인간의 자연적 과정'을 구분하며, 자연적이고 도덕적인 동인인 '보상감정'으로부터 발생하는 정의를 실현하기 위해, 그 영역에 있어서 제한이 발생한다 할지라도, 국가의 적극적인 간섭을 필연적인 것으로 간주한다. 그는 현실주의자였거니와, 무엇보다 그의 문제의식은 소박한 자유(방임)주의사상에 기초한 민주주의라는 협소한 범위를 넘어 인간의 자연적·도덕적 동인에 기초한 합법성과 정당성에서 출발하고 있다.

『도덕감정론』의
한 읽기

왜 어떤 행위는 적정한 반면, 다른 어떤 행위는 부적정한가

이제 2부에서는 『도덕감정론』 텍스트 내부로 진입해보려고 한다. 원문을 목차 순으로 차근차근 따라 읽으면서 스미스가 얘기하려 했던 바의 맥락을 확인하는 데 주안을 두었고, 그렇게 이해한 내용을 압축적으로 정리했다.

먼저 『도덕감정론』이 다루고 있는 세 가지 주요 주제를 정리해보자. 첫째, 도덕적 판단의 기원과 성격 문제. 둘째, 경제적 통일체로 이기적 행위의 통합. 셋째, 계급 안정화를 위해 질서를 부여하는 과정 등이 바로 그것이다(Heilbroner, 1982).

18세기 스코틀랜드는 상업사회―자본주의 사회―로 거듭나고 있었다. 세상은 이전과 다른 사회조직의 원리와 질서를 필요로 했다. 이러한 시대적인 요청은 이른바 '계몽'이라는 이름으로 이루어졌으며, 이것이 곧 '스코틀랜드 계몽주의'를 의미한다.

사회질서에 대한 논의는 17세기 영국에서도 있었다. 특히 홉스나 로크와 같은 학자들은 사회계약설의 입장에서 이를 다뤘고, 이 분위기는 18세기까지 그대로 이어져 『도덕감정론』의 탄생에 영향을 미친다. 종합하자면, 스미스는 『도덕감정론』에서 상업사회로의 발전에 상응하면서 인간의 도덕감정에 기초한 새로운 사회질서를 창출하고자 한 것이다. 물론 그가 『도덕감정론』에 구체적인 사회이론을 정립해놓은 것은 아니다. 하지만 그는 분화하는 사회관계에 따르는 소통담론 혹은 소통의 공동체에 대한 초석을 놓으려 했다.

18세기 사상가들은 홉스나 맨더빌Bernard de Mandeville(1670~1733)[30]적인 인간과는 달리 사회를 위해 더 견고한 토대가 있다고 믿었고, 그리하여 그중 어떤 이들은 인간이성에 근거해 법률과 윤리에 대한 합리적 체계를 찾고자 노력했다. 그러나 이처럼 이성에 기반을 두고 사회의 체계와 질서를 확립하는 것에 대한 스미스의 입장은 달랐다. 그가 보건대, 상업세계를 포함해 과학, 예술 그리고 언어 등 인간사회 전면이 (이성보다는) 인간본성에 그 뿌리를 둔 것이었다.

스미스는 인간의 자연적 본성에서 우러나오는 도덕감정이 과도하게 자신을 뽐내는 이성보다 더 좋은 안내자라는 사실을 보여주고자 했다. 이러한 '자연적 자유'에 의지한다면, 인간은 스스로 안정적이며, 의도하지는 않았지만 확실히 조화롭고 평화로우며 건전한 사회질서를 가질 것이라고 그는 생각했다. 사회질서에 대한 그의 관념은 무엇보다 이를 유지하기 위해 정치가들의 의도적인 기획을 필요로 하지 않는다. 유익한 사회질서는 도덕적 행위의 적정성을 토대로 자연스럽게 나타나는 것이다. 스미스의 학문적 탐구는 이렇게 유익한 결과를 만들어내는 인간행동의 자연적인 원칙들을 확인함에 있었다.

*

『도덕감정론』 1부에서 스미스는 인간행위의 적정성 문제에 대해 설명한다. 여기서 먼저 지적해둘 것이 있다. 스미스는 인간행위의 적정성과 부적정성에 대한 감각 혹은 지각을 논함에 있어서 인간을 두 가지 차원으로 분리시킨다. 그것은 '세속적인 관찰자로서의 나'와 '공정한 관찰자로서의 나'라는 관념이다. 이때 행위의 적정성과 부적정성을 판단하는 사람은 '세속적인 관찰자로서의 나'가 아니라 '공정한 관찰자로서의 나'이다.

사회심리학자인 미드George Herbert Mead(1863~1931)[31]의 용어로 인용해보자면, '공정한 관찰자로서의 나'는 "일반화된 타자"에 해당한다. 이는 곧 사회규범을 의미한다. 마찬가지로 스미스에게도 '공정한 관찰자'의 판단은 곧 사회도덕 혹은 사회규범에 해당한다. 만약 한 개인이 '공정한 관찰자'의 판단을 어길 경우, 그 행위는 부적정한 것으로 판단되고 비난의 적정한 대상이 된다.

그렇다면 구체적으로 어떤 행위는 타인들로부터 그 행위의 적정성을 인정받아 공감을 얻고 칭찬과 감탄의 대상이 되는 반면, 또 어떤 행위는 부적정한 것으로 판단되어 결국에는 타인의 공감을 얻어내지 못하고 증오나 비난의 대상이 돼버리는가? 인간행동에 대한 적정성의 판단기준은 도대체 어디에 있는가? 스미스는 이렇게 설명한다.

> "주요 당사자의 본원적 열정이 관찰자의 공감적 정서와 완전히 일
> 치할 경우, 관찰자는 이 열정을 필히 정당하고, 적당하며, 그 대상에
> 적합한 것이라고 생각한다. 이와는 반대로 주요 당사자의 입장을 절
> 실하게 느끼려고 할지라도 그 열정이 그가 느끼는 것과 일치하지 않
> 을 경우, 관찰자는 그 열정을 부적당하고 부적절하며, 그것을 야기
> 한 원인에 적합하지 않다고 생각한다. 타인의 열정이 그 대상에 적
> 합하다고 인정하는 것은 곧 우리가 그 열정에 완전히 공감한다고 말
> 하는 것과 같다. 또한 인정하지 않는 것은 그 열정에 완전히 공감하
> 지 않는 것과 같다. (…) 내 슬픔에 적합한 공감을 느끼는 사람은 내
> 슬픔이 합당함을 인정하지 않을 수 없는 것이다."(1부, 3장)

스미스는 행위의 적정성을 '당사자의 본원적 열정'과 '관찰자의
공감적 감정'과의 일치에서 찾고 있다. 타인의 의견을 인정한다는
것은 곧 그 의견을 수용한다는 것으로, 스미스에게 이 인정과 수용
은 동일한 의미를 지닌다. 이는 타인의 감정이나 열정 그리고 행동
에 대한 인정이나 부인에 있어서도 유효하게 적용되는 맥락이다. 예
컨대 누군가의 행동을 인정한다는 것은 곧 그 사람의 행동에 공감할
수 있다는 의미이다.

공감은 모든 감정들에 대한 인간의 동포감정이기도 하다. 타인
과 동일한 상황에 처하게 됐을 때, 비로소 우리는 그 상황이 초래된
원인을 인식함으로써 타인에 대한 동포감정을 드러낸다. 관찰자의

공감이란, 그가 타인과 동일하게 불행한 상황에 처해질 때, 그리고 이성과 판단력으로 그를 바라볼 수 있을 때, 스스로 어떻게 느낄 것인가를 생각함으로써 생겨난다. 이 감정이 곧 '상식common sense'이다. 상식이 가장 절묘한 행위의 적정성을 이끌어내는 것은 아니다. 그러나

미드

상식은 적정성에서 크게 벗어나지 않도록 인간을 인도한다.

하지만 인간이 본성적으로 공감이라는 감정을 가지고 있다 할지라도, 그 당사자가 응당 느끼게 되는 정도의 수준에는 미치지 못한다. 공감의 기초가 되는 상상 속의 입장 교환은 '순간적인' 것일 뿐이다. 자신은 안전하다는 생각 그리고 자신은 실제로 고통 받는 사람이 아니라는 생각이 여기서 비롯된다. 다시 말해 관찰자가 느끼는 것은 당사자가 느끼는 것과 다르다. 이 시점에서는 진정한 소통이 이루어지지 않는다. 진정한 소통이 이뤄지기 위해서는 양자 간에 이 일시성의 한계를 뛰어 넘는 공감대가 형성되어야 하며, 양자 간의 느낌들이 일치해야 한다.

그러면 이 관찰자와 당사자 간의 공감을 위해 필요한 것은 무엇일까? 스미스는 당사자의 감정에 공감하려는 관찰자의 노력과 자신의 열정을 관찰자가 공감할 수 있는 정도까지 억제하려는 당사자

의 노력은 두 가지 다른 덕성들을 그 바탕에 깔고 있다고 말한다. 먼저 당사자의 감정에 공감하려는 관찰자에게는 호감, 겸손함 그리고 인간애라는 덕성들이 필요하다. 반면 관찰자가 공감할 수 있는 정도까지 자신의 열정을 억제하려는 당사자의 노력에는 자기부정, 자제, 자존심, 명예심 등의 덕성들이 필요하다.[32]

예컨대 우리가 동료의 처지를 절실히 느낄 때, 우리는 호의적인 친구들의 호감어린 공감으로부터 그들이 어떤 위안을 받고 있는지를 느낀다. 반대로 어떤 사람이 냉혹한 마음으로 오직 자기 일만을 생각하고 타인의 행복이나 비참함에는 완전히 무감각하다면, 우리는 그에게 불쾌한 감정이나 인상을 가진다. 뿐만 아니라 이 사람으로 인해 피해를 입고 불행해지는 사람들이 겪는 고통에도 공감하게 된다.

하지만 피해를 입고 불행에 빠지는 어려운 상황에서도 침착하고 자제력을 잃지 않는 이들이 있다면, 우리는 그들의 행동에서 고귀한 적정성과 품위까지 느낄 수 있다. 이것이 관찰자가 당사자의 처지에 공감하게 되는 이유다. 반면 만약 이들이 한숨, 눈물, 탄식으로 우리의 동정만을 바란다면, 도리어 우리는 이들의 비참에 불쾌감을 느낄지 모른다. 호감 대신 혐오감을 불러일으키는 행위는 관찰자로부터 공감을 앗아가는 원인이 된다. 자제력이나 억제심도 없이 단지 치솟아 오르는 분노에 빠져 행동해버리는 이에게 우리가 되돌려 줄 것은 혐오뿐이다. 이 혐오는 그의 분노가 드러내는 오만함과 무자비함을 향해 있다.

열정들이 어느 정도로 표출될 때
그 적정성을 얻는가

스미스는 모든 열정은 종류에 따라 그 정도가 다르긴 하지만, '중간 수준'일 때 적정성을 가진다고 말한다. 무슨 의미일까?

그에 따르면, 육체적 열정, 즉 육체의 특정한 상황이나 상태로부터 일어나는 열정들을 너무 강하게 표현하는 것은 부적절하다. 그래서 이들의 부적절한 행동을 통제하기 위해 인간에게 존재하는 덕성이 바로 '절제'이다. 이 덕성으로 인간은 자신의 감정을 통제한다. 이와 유사한 '신중함'이라는 덕성도 있다. 이 덕성은 육체적 욕구들을 건강과 재산이 허용하는 한계 내로 억제하는 기능을 한다. 물론 육체적 욕구에 대한 제한에 있어서, 절제는 신중함보다 그 강도가 훨씬 높다.

절제라는 덕성은 정숙함, 섬세함 그리고 겸손이 요구하는 한계 내로 욕구를 제한한다. 때문에 절제는 타인에게 호감을 주는 덕성과

는 달리 경외감을 가져오기도 한다.[33]

분노와 증오, 비사회적 열정들

인간들은 어떤 행위에 대해 분노하고 증오한다. 분노와 증오는 인간 본성에서 나오는 것으로, 그 자체로는 비사회적 열정이 아니다. 이들이 비사회적 열정이 될 때는 그 적정성을 넘어서는 경우다. 이런 점에서 스미스는 이 열정들을 교화나 계몽의 대상으로 본다. 그는 이렇게 적고 있다.

> "그 열정들은 상상으로부터 도출되지만, 우리가 이 열정들에 대해 공감하거나 품위 있는 적정한 것으로 간주하려면, 항상 세련되지 않은 본성에 의해 자연적으로 나타나는 수준보다도 훨씬 더 낮은 수준으로 억제되어야 하는 열정들이다."(1부, 2편, 3장)

스미스는 비사회적 열정들을 증오, 분노 그리고 이 열정들이 서로 다르게 변형된 것이라고 정리하고 있다. 이 열정들에 대한 우리의 공감은 두 가지 차원으로 구분된다. 즉, 이러한 열정을 느끼는 사람과 이 열정의 대상이 된 사람들이다. 양자가 가지고 있는 이해관계는 직접적으로 상반되지만, 우리는 양자 모두에 관심을 가진다. 그런데 이때 피해를 입은 사람에 관한 우리의 동포감정은 필연적으로 그를 격분시킨 열정에는 미치지 못한다. 분노가 고상하고 적합한 것이 되고자 한다면, 다른 모든 열정보다도 훨씬 더 자연적으로 일어나는 수준 이하로 억제되어야 한다.

그렇다고 증오와 분노라는 비사회적 열정은 폐기되어야만 하는가? 아니다. 증오와 분노의 열정들은 인간본성이라는 성격의 필수적인 부분이라고 스미스는 생각한다. 우리는 무기력하게 그저 조용히 앉아서 모욕을 감수하고, 저항이나 복수도 시도해보지 않는 사람을 경멸한다. 그가 보인 무관심이나 무감각에 대해 우리는 공감할 수 없다. 우리는 그의 태도를 비열하다고 생각한다. 상대방의 무례함과 동시에 그의 비열함에도 분노하는 것이다.

> "군중들은 이 무례함에 대한 분노를 기대하며, 피해자가 이에 분노하기를 기대한다. (…) 마침내 그의 의분이 폭발하면, 그들은 진심으로 박수갈채를 보내고 그의 의분에 공감한다. 군중들은 피해자의 적에 대해 스스로 분노를 느낀다. 결국 피해자가 그의 적을 공격하는 것을 보고 기뻐한다."(1부, 2편, 3장)

그런데 스미스는 이 열정들이 무언가 불쾌하며, 이것이 다른 사람들에게서 나타날 경우, 우리가 혐오하는 자연적 대상이 된다고 생각한다. 그 이유는 무엇일까?

> "눈앞에 있는 어떤 사람에 대한 분노의 표현은, 그의 행동이 잘못됐음을 알고 있다는 단순한 암시 정도를 넘어설 때, 그 인물에 대한 모욕이라고 간주됨과 동시에 동석자 전체에 대한 무례함으로 간주된

다."(1부, 2편, 3장)

이런 까닭에 동석한 사람들 전체를 존중하고 배려한다면, 난폭하고 불쾌한 감정표현은 자제 혹은 억제되어야 한다. 이 열정들이 지극히 정당하게 발생하는 경우에도 직접적인 결과가 상당히 불쾌해지기 때문에 자연스럽게 혐오의 대상이 된다고 생각한다. 그래서 스미스에게 분노나 증오의 열정들은 본성상 혐오의 대상이다. 이 열정들의 불쾌하고 과도한 표현은 우리의 공감을 자아내지 못한다. 오히려 공감 자체를 방해한다. 만약 이 열정들이 관찰자에게 불쾌함을 준다면, 그것을 느끼는 사람에게도 불쾌함을 줄 것이다. 스미스는 다음과 같은 질문을 던진다.

"분노의 충족을 완전히 유쾌한 것으로 만들고, 우리의 보복에 관찰자를 완전히 공감시키고자 한다면, 얼마나 많은 것이 요구되는가? 무엇보다도 그 분노의 원인이, 만약 우리가 그에 대해 다소라도 분노하지 않으면, 우리가 비열한 사람으로 취급당하고 지속적으로 모욕을 당할 정도의 것이어야 한다. 비교적 사소한 일이라면 그냥 눈 감아 버리는 편이 더 좋다. (…) 사소한 다툼이 있을 때마다 튀어나오는 심술이며 변덕스러운 기질만큼 초라한 것은 없다. 우리가 분노하는 이유는 그 불쾌한 열정의 격렬함을 스스로 느끼기 때문이라기보다 분노하는 것이 도덕적으로 정당하다는 관념과 많은 사람들이 우리에게 이를 기대하고 요구하고 있다는 자각 때문이다."(1부, 2편, 3장)

선량한 사람의 행복에 대한 증오와 분노는 최대의 독이다. 행복의 가장 중요한 요소인 자제와 평정은 증오와 분노가 아니라, 감사와 사랑이라는 반대의 열정에 의해서 고무된다. 분노라는 비사회적 열정과 관련해 스미스는 이렇게 결론짓고 있다.

"인간정신이 지닐 수 있는 열정 중에서 그 정당성에 관해 깊이 의심해야 하고, 우리 본래의 적정성 감각에 진지하게 비춰보아야 하며, 냉정하고 공정한 관찰자의 감정이 어떨지 아주 진지하게 생각해야만 하는 열정이 바로 이 열정이다."(1부, 2편, 3장)

그래서 스미스는, 이 불쾌한 열정의 표현들을 행위의 적정성 관점에서 고상한 것으로 승화시키는 유일한 동기를 바로 관대함 혹은 우리 자신의 사회적 신분과 존엄을 유지하려는 배려와 고려에서 찾고 있다.

사회적 열정들

사회적 열정은 사회질서를 유지하는 데 가장 기본적이고 중요한 열정이다. 이 열정들은 '배가된 공감'에 의해 거의 항상 유쾌하고 적절한 열정이라고 스미스는 생각한다. 여기엔 관대함, 인간다움, 친절, 동정, 상호간의 우정과 존경처럼 사회적이고 자혜적인 감정들이 속한다. 이 열정들을 느끼는 사람에 대한 관찰자의 공감은 그 열정의 대상인 사람에 대한 관찰자의 관심과 정확하게 일치한다. 인간은 언제나 자혜로운 감정에 강하게 공감한다. 유쾌한 감정을 선사하기 때문이다. 우리는 이 열정을 느끼고 있는 사람과 이 열정의 대상이 되는 사람 모두의 감정에 공감한다.

그런데 친구들 사이에서 갈등과 불화가 심화되어 원래 그들 사이에 있던 부드러운 애정이 첨예한 증오로 돌변했다면, 그 원인은 어디서 비롯된 것일까? 스미스는 이렇게 답한다.

> "그 원인은 그동안 서로 많은 충족감을 얻어냈던 우정 자체와 상대에 대한 애착이 사라져버린 데 있다. 그것은 그들 마음의 조화를 부쉬버렸으며, 그들 사이의 행복한 친화관계를 종식시켜버렸다."(1부, 2편, 4장)

모든 사람들은 서로간의 애착과 조화 그리고 친화관계 그 자체가 행복의 가장 중요한 요소라고 생각한다. 여기서 파생되는 사소한 유익함들은 그리 중요한 요소가 아니다.

사랑의 감정에 대해 생각해보자. 이 감정은 그 자체로 사랑을 느끼는 사람에게 유쾌함을 가져다준다. 이 감정은 마음을 진정시키고, 평온하게 하며, 활동력을 높여 인체의 건강한 상태를 촉진시킨다. 사랑은 사랑을 받는 사람이 분명히 느끼게 될 감사의 감정을 사랑하는 사람이 의식하는 까닭에 더욱더 즐거운 것이다. 그래서 사랑하는 사람과 사랑받는 사람의 상호 공감과 상호 배려가 서로를 더 행복하게 해준다. 호감을 주는 이러한 열정들은 지나치게 발휘되더라도 결코 혐오스럽지 않다.

우리는 온화하기만 한 어머니와 아버지, 관대하고 다정다감한 친구를 애정 어린 연민의 감정으로 대한다. 이 감정에 대해서는 잔혹한 인간들조차 증오와 혐오감을 느끼지 않는다. 증오와 분노의 감정과는 달리 이들의 행동에는 추함이나 불쾌함을 자아내는 것들이 전혀 없다.

이처럼 일반적으로 타인에게 공포와 혐오의 대상이 되는 증오나 분노의 비사회적 열정과는 달리 호감을 주는 열정들은 사회의 발전과 유지를 위한 토대가 된다. 그러므로 사회는 이 열정들을 적극 추천한다.

비탄과 기쁨, 이기적 열정들

이기적 열정은 사회적 열정과 비사회적 열정의 중간에 위치한다.

> "(…) 사회적 열정과 비사회적 열정 외에도 이 열정들의 중간적 위치를 점하고 있는 또 다른 일련의 열정이 있다. 이 열정은 대부분의 사회적 열정처럼 결코 우아하지 않으며, 대부분의 비사회적 열정처럼 불쾌하지도 않다."(1부, 2편, 5장)

스미스는 이러한 열정들로 비탄과 기쁨을 든다. 이 열정들은 사적인 행운과 불운으로 인해 초래된다. 이 열정들은 지나친 경우에도 과도한 분노처럼 불쾌하지는 않다. 그렇다고 치우침 없는 인간애나 자혜의 덕성이 가져다주는 것과 같은 유쾌함을 선사하지도 않는다. 스미스에 따르면, 인간은 대개 작은 기쁨과 큰 비탄에 쉽게 공감하곤 한다.

그런데 갑작스럽게 출세한 누군가에 대한 시기심으로 인간은 그 기쁨에 진정으로 공감하지 못할 때도 있다. 도리어 당사자가 이 사실을 알아차리고 자신의 행운을 감춰야 한다. 그는 기쁨을 진정시키고, 이전의 지위에 있었을 때처럼 겸손한 태도를 취해야만 한다. 그래서 옛 친구들을 전보다 더 배려하고, 공손함을 유지하려고 애쓴다. 보통의 인간이 인정할 수 있는 것은 바로 이런 태도이다.

이런 그가 공감을 얻어내지 못한다면, 그의 겸손함이 의심스러운 눈초리로 왜곡될 때다. 상황은 거기서 멈추지도 않는다. 그는 새로운 친구를 사귈 수도 없다. 그의 옛 친구들은 이제 그가 상관이 됐다는 점에 자존심이 상하고, 새로운 상대들도 그가 자신들과 대등해졌다는 데 자존심이 상할지도 모른다.

하지만 이 불쾌한 상황에서 인간은 완고하고 끈질긴 겸허함을 가질 필요가 있다. 물론 그 인내심이 얼마나 버틸 수 있을지는 모른다. 옛 친구들을 무시할 수도 있고, 새로운 상대들에게 분노할 수도 있다. 무시와 분노의 감정만이 그의 마음속에 교차하는 것이다. 스미스는 이러한 심리변화를 다음과 같이 정리한다.

"(…) 인간행복의 주요 부분이 사랑받고 있다는 인식으로부터 발생한다면, 이와 같은 운명의 급격한 변화는 행복에 거의 도움을 주지 못한다. 성공에 점진적으로 다가가는 사람이 가장 행복한 사람인 것이다. 오래 전부터 생각하고 있었던 승진 대상자가 승진했을 때, 보통 사람들은 그리 과도한 기쁨을 표출하지 않는다. 또한 이런 승진은 추월당한 사람들에게 어떤 시기심도 자아내지 않고, 뒤쳐진 사람들에게 어떤 부러움도 유발하지 않는다."(1부, 2편, 5장)

인간은 사소한 기쁨에 쉽게 공감한다. 하지만 비탄의 경우에는 사정이 다르다. 하찮은 고민일수록 그 어떤 공감도 불러일으키지 못한다. 기쁨은 즐거운 감정이고 타인의 기쁨에 대한 공감 역시 즐거운 감정인 반면에, 비탄은 괴로운 감정이며 타인의 비탄에 대한 공감 역시도 괴로운 감정이기 때문이다.

하지만 깊은 고뇌에 대한 공감은 매우 강하고 진지한 감정이기 때문에, 이에 대해 타인들로부터 매우 진지한 공감을 기대할 수 있다. 즉, 비탄에 대한 공감은 기쁨에 대한 공감보다 더 주목받는다. 가장 적정하고 본래적인 의미에서 공감이라는 단어는 타인의 기쁨에 대한 동포감정이 아니라 타인들의 고통에 대한 동포감정을 의미한다. 비탄에 대한 공감은 어떤 의미에서는 기쁨에 대한 공감보다 더 보편적이다. 비탄의 정도가 지나치다 할지라도 인간은 그에 대해 동포감정을 가질 수 있다.

마음의 고통이건 육체의 고통이건 간에 고통은 기쁨보다 더 자극적이다. 기쁨에 대한 공감과 달리 고통에 대한 공감은 일반적으로 고통 받는 사람이 본래 느끼는 감정 수준에는 훨씬 못 미친다. 그러나 고통에 대한 공감은 기쁨에 대한 공감보다는 더 생생하고 분명하다. 분명한 사실은 슬픔에 공감하려는 성향은 아주 강한 반면에, 기쁨에 공감하려는 경향은 아주 약하다는 점이다.

스미스에게 타인의 기쁨에 공감하는 것은 유쾌한 일이지만, 타인의 비탄에 공감하는 일은 고통스러운 일이다.[34]

행복은
부와 권력에 비례하지 않는다

스미스가 말하는 '자연적 자유'나 '자연적 자유체계'는 도덕감정들과 이 감정들에 대한 도덕적 적정성을 기반으로 한다. 또한 이것은 자기 행복에 관심을 갖기 위해 신중함이라는 덕성을 가져야 하고, 타인의 행복에 대해 관심을 가지기 위해 정의와 자혜라는 덕성을 동반하는 체계이다.

그런데 이런 체계 속에서 인간의 야심과 경쟁은 어떠한 의미를 지니게 될까? 같은 맥락에서 인간의 행복이란 부나 권세에 있는 것은 아닐까?

대부분의 인간은 부유함을 과시하고 가난을 숨기려 한다. 이는 앞 장에서도 언급됐듯이, 비탄보다 기쁨에 더 쉽게 공감하는 인간의 성향 때문이다. 일반적으로 고통 앞에서 인간은 상심한다. 부를 추구하고 가난을 회피하려는 마음도 이러한 인간적 감정에 대한 고려에서 비롯된다.

인간의 탐욕과 야망 그리고 부와 권력을 추구하는 목적은 어디에 있는가? 그저 자연적인 욕구일 뿐인가? 스미스는 가난한 노동자의 임금만으로도 자연적 욕구는 채워질 수 있다고 말한다. 그렇다면 노동자의 열악한 처지를 혐오하는 이유는 무엇인가? 높은 신분의 교육받은 사람들이 노동자와 똑같이 식사하고, 똑같이 낮은 지붕의 집에서 생활하며, 똑같이 초라한 옷을 입는 것을 죽기보다도 싫어하는 이유는 무엇인가? 그리하여 인간사회 모든 계층의 사람들에게 나타나는 경쟁심은 어디에서 비롯되는 것인가? 또 인생에서 거대한 목표를 추구하는 것은 어떤 이익이 있어서인가? 이러한 질문들에 대해 스미스는 이렇게 대답한다.

"타인들로부터 관찰되고 주의를 끌며 주목받는다는 것, 그리고 이들로부터 공감과 호의와 인정을 받는다는 것이 그로부터 얻을 수 있는 이익이다. 우리의 관심을 끄는 것은 안락함이나 즐거움이 아니라 허영심이다."(1부, 3편, 2장)

허영심이란 항상 타인으로부터 주목받고 인정의 대상이 되기를 바라는 관념에 토대를 두고 있다. 이 허영심이 바로 인간의 야심을 유발하며, 부와 권세를 획득하고자 인간들 사이에서 경쟁심을 발동시킨다. 인간의 야심과 경쟁은 타인의 눈길을 끌려는 인간본성에서 유래한다. 부유한 자가 자신의 부유함을 자랑하는 것도, 그 부가 세상 사람들의 이목을 집중시키고, 그 부가 자신에게 제공해주는 유쾌한 감정들에 사람들이 쉽게 공감한다는 점을 잘 알기 때문이다.

반대로 가난한 사람은 가난을 부끄러워한다. 가난함 때문에 세상 사람들의 주목을 받지도 못한다. 설령 세상 사람들의 주목을 받는다 할지라도 그는 세상 사람들이 자신의 비참함과 고통에 대해 동포감정을 거의 느끼지 못할 것이라고 생각한다. 그런 나머지 굴욕감마저 느낀다. 가난은 자신에게든 타인에게든 그 어떤 감탄이나 찬사의 대상이 아닌 것이다.

세상 사람들은 지위가 높고 고상한 사람에게 관심을 가진다. 많은 이들이 그를 보기를 갈망하며, 그의 모든 행동은 공중의 주목 대상이 된다. 행동이 아주 부적절하지만 않다면, 그는 항상 관심을 불러일으킬 기회, 즉 모든 이들의 관찰과 동포감정의 대상이 될 기회를 가진다. 예컨대 평범한 남녀의 혼인에 견주어, 영국 왕실의 혼사는 세상의 이목을 끈다. 그래서 스미스는 신분의 구별과 사회질서의 조성이 부유하거나 권세 있는 사람들의 열정에 동참하려는 인간의 성향에 토대를 두고 있다고 말한다.[35] 물론 스미스는 부자나 권력자들에 감탄하고 숭배하려는 성향, 그리고 가난하고 천한 사람들을 경멸하고 무시하려는 성향이 인간의 모든 도덕감정들을 타락시키는 데 가장 크고 보편적인 원인이라고 본다.

인간은 존경받을 만한 인간이 되기를 원하며, 경멸받는 것을 두려워한다. 이는 자명한 사실이다. 사람들로부터 존경과 감탄의 대상이 되고 그만한 인간이 되는 것, 이것이 인간의 야심과 경쟁심이 추구하는 큰 목표다.

이 목표를 성취하는 데에는 두 가지 다른 길이 있다. 하나는 지혜를 연구하고 덕성을 실천하는 길이고, 또 다른 하나는 부와 권력을 획득하는 길이다. 인간의 경쟁심에도 성격이 다른 두 가지가 있다. 하나는 교만한 야심과 과시성의 탐욕이며, 또 다른 하나는 소박한 겸허와 공정한 정의이다.

대다수의 보통 사람들은 부와 권력에 대해 감탄하고 숭배한다. 사실 오늘날 자본주의 사회에서는 지혜롭고 덕성스러운 사람보다 부와 권력을 가진 사람들이 더 많은 감탄과 존경의 대상일지 모른다. 자본의 논리가 지배하는 사회에서 어쩌면 이런 현상은 당연하다. 이미 범지구적 자본의 논리는 물적 기반뿐만 아니라 인간의 삶 전체를 지배한다고 할 수 있기 때문이다.

스미스가 보건대 사회적 공로가 동일한 경우에도 일반적으로 부유한 상류층이 가난한 하류층보다 더 많은 존경을 받는다. 대부분의 사람들은 빈한한 자의 진실하고 확고한 공로보다 부귀한 자의 거만과 허영에 더 감탄을 보낸다.

이런 까닭에 부와 권력을 향한 인간적 야심은 자연스러운 것이다. 부와 권력이 가져다주는 편리함, 이를 획득함으로써 얻게 되는 타인들로부터의 공감과 칭찬이 허영을 만들고, 야심을 부풀리며, 서로를 경쟁시킨다. 그러나 스미스는 허영의 인간에 대해 이렇게 말한다.

"허영심이 많은 인간은 부와 권력의 세계에서 자신의 그렇지 않은 것을 그런 것처럼 가장하고 싶어 한다."(1부, 3편, 3장)

허영심이 많은 인간은 타인의 공감과 칭찬을 반기며, 본인에게 칭찬받을 만한 공로가 없음에도 불구하고, 공감이나 칭찬 대신 비난과 경멸의 대상이 되는 것을 몹시 두려워한다. 타인의 눈을 의식하는 인간본성인 허영심 그리고 그의 표현인 야심이 가득한 자가 진정으로 추구하는 것은 마음의 평정이나 안락이 아니라 스스로 오해하고 있는 이런 저런 종류의 명예욕일 뿐이다.

그렇다면 노력과 고생 끝에 타인과의 경쟁에서 이겨 부와 권력을 자를 행복한 사람이라 볼 수 있을까? 스미스의 비유는 이렇다.

> "부와 권력은 거대한 구조물이다. 건축하려면 평생의 노동이 필요하다. 하지만 이것들은 그 안에서 생활하고 있는 사람을 언제든지 파묻어버리겠다고 위협한다. 서 있는 동안에는 그 거주자에게 몇몇의 사소한 불편들을 덜어줄 수도 있을 것이다. 하지만 계절의 모진 혹독함으로부터 거주자들을 보호해주지는 못한다. 여름의 소나기는 막아주지만, 겨울의 폭풍을 그러지는 못한다. 그것들은 거주자를 (…) 때로는 이전보다 더 많은 불안, 공포 그리고 비애에, 그리고 질병, 위험, 죽음에 노출되도록 내버려둔다."(4부, 1장)

부와 권력은 어떤 점에서 인간의 행복을 위해 필요하다. 하지만 결코 그의 충분조건은 아니다. 스미스는 부유한 자들이 '보이지 않는 손'에 인도되어 자연적 평등이 이루어지는 것과 똑같은 분배적 평등이 달성될 것이라고 말한다. 반복하지만 이 '보이지 않는 손'의 개념 속에는 인간의 도덕감정들이 서로 적정성의 범위 내에서 작동하고 있다. 다시 말해 탐욕과 이기심은 절제되고 억제된 상태에 있다. 스미스의 다음과 같은 언급은 이 맥락에서 읽혀야 한다.

> "신의 섭리가 대지를 소수의 귀족과 지주들에게 분할했을 때, 그것은 이 분배에서 제외됐다고 생각되는 사람들을 망각하지도 방기하지도 않았다. 후자들 역시 대지가 산출하는 모든 것에 대해 자기 몫을 누린다. 참된 행복에 관한 한, 그들은 자기보다 훨씬 상위에 있다고 생각되는 사람들보다 결코 열등하지 않다. 생활수준이 다를지언정 육체의 안락과 마음의 평화에 있어서도 모든 사람들은 거의 동일한 수준에 있다. 길가에 앉아 햇볕을 쬐고 있는 거지도 국왕이 싸워 얻으려는 안전을 이미 누리고 있다."(4부, 1장)

인간의 행복은 어디에 있을까? 스미스의 행복 개념은 마음의 평온과 부동심이라는 점에서 스토아학파의 그것과 많은 부분에서 일맥상통한다. 행복에 관한 스미스의 포문은 이렇다.

> "신체를 보호하고 건강을 유지하는 것이야말로 자연이 개인에게 최우선적으로 고려하도록 지적해준 것 같다. 굶주림과 갈증, 기쁨이나 고통, 더위와 추위에 대해 유쾌하거나 불쾌한 감정을 느끼는 것은 자연의 음성이 전해주는 교훈이다. 이는 사람들에게 신체의 보존과 건강이라는 목적을 위해 무엇을 취하고 피할 것인지 알려준다. (…) 이러한 가르침의 중요한 목적은 무엇보다도 해로운 것을 피하는 법을 가르치는 데 있다."(6부, 1편)

디오게네스와 알렉산드로스

견유학파 철학자 디오게네스가 일광욕을 하고 있을 때 알렉산드로스 대왕이 찾아와 도와줄 일이
없는지 묻는다. 그러자 디오게네스는 아무것도 필요치 않으니 그저 햇빛이나 가리지 말아 달라고
답한다. 알렉산드로스는 왕의 권력을 누리고 동서에 걸친 대제국을 건설한 패자였지만, 이 일화
에서 보면 디오게네스가 훨씬 더 행복하고 자유로워 보인다. 17세기 네덜란드의 화가 크레이어
(Gaspar de Crayer, 1582~1669)의 작품이다.

이러한 기본적 욕구들을 충족시키기 위해 인간은 여러 수단들을 확보할 필요가 있다. 바로 스미스가 '외부재산'이라 부르는 것들로서, 신체상의 필요를 충족시키거나 물질적인 편의를 제공한다. 그러나 삶의 영위를 위해 물질적인 수단만 필요한 것이 아니다. 동료들로부터 존경의 대상이 되려는 욕구, 그리고 그들로부터 신용과 지위를 얻으려는 욕구도 충족돼야 한다. 이러한 욕구는 인간의 모든 욕구 가운데 가장 강력한 것들이기도 하다.

이러한 욕구들과 관련해서는 인간이 지닌 도덕감정들 중에 신중함의 덕목이 관여한다. "건강, 재산, 지위, 평판 등 인생의 안락과 행복을 좌우하는 것들에 대한 고려"에 관심을 기울이는 덕목으로, "안전은 신중함이 추구하는 제1의 중요한 목표"(6부, 1편)이기도 하다. 다음 장에서 상세히 다룬다.

신중한 사람은 무엇보다도
마음의 평정을 바란다

인간이 가진 덕성 중에 '신중함'이라는 것이 있고, 스미스는 『도덕
감정론』에서 '신중한 사람'의 모습을 이렇게 그리고 있다.

"신중한 사람은 자신이 이해하고 있는 사실을 타인에게 납득시키고,
자신이 이해하고 있다고 공언하는 바를 (…) 더 확실히 이해하기 위
해 항상 진지하게 연구한다. (…) 그는 사기꾼과 같은 교활한 간책이
나 현학적이고 거만한 허풍, 천박하고 경솔한 주장으로 타인을 속이
려 하지 않는다. 그는 자신이 지닌 능력을 자랑하지도 않는다. 그와의
대화는 (…) 겸손하며 요란한 기교들에 반대한다. (…) 그는 소집단이
나 도당의 이익을 증진시키려 하지 않는다. (…) 그는 언제나 진실하
며, 거짓을 말하다가 발각될 때 당하게 될 불명예를 생각하고 질색한
다. (…) 그의 언어도 행동과 마찬가지로 조심스럽다."(6부, 1편)

신중한 사람은 타인의 근거 없는 비난이나 칭찬에 별로 두려움을 느끼지 않는다. 스스로 부와 권력을 가지고 있다고 할지라도 그것을 과장해서 드러내려고 하지 않는다. 그는 공적 영역과 사적 영역을 분명히 구분하면서 자기 행동을 반성하며, 허영심은 물론 야심과 경쟁심과도 거리를 둔다. 그는 단지 자신의 지식과 능력에 따라 명성을 획득하려고 할 뿐이다. 그리하여,

"신중한 사람은 한결같이 근면하고 검소한 생활을 한다. 그리고 보다 먼 장래의 안락과 기쁨을 위해, 더욱 오래 지속될 안락과 기쁨을 위해, 현재의 즐거움과 기쁨을 희생한다."(6부, 1편)

그의 생활은 절제, 검약 그리고 진정한 즐거움과 기쁨이라는 덕목의 실천 속에서 이루어진다. 그래서 그의 행동과 그 동기는 공정한 관찰자와 공정한 관찰자의 대리인인 '가슴속 인간'으로부터 전적으로 인정받는다. 하지만 그 목적이 공정한 관찰자로부터의 공감에 있는 건 아니다. 단지 '가슴속 인간'이 명하는 바에 따라 행동할 뿐이다.

반면 어떤 측면에서 그는 적극적인 행동의지가 부족한 소극적인 인간이기도 하고, 나아가 자기 안락만을 염두에 둔 이기적인 사람으로 간주되기도 한다. 스미스는 이렇게 말한다.

"신중한 사람은 자기 의무가 부여되는 것이 아닌 한, 어떤 책임도 지려 하지 않는다. 자신과 관련이 없는 일이나 타인의 일에는 참견하

바실리 G. 페로프, 〈순례자〉

지 않으며, 요청받지 않는 일에 스스로 상담자나 조언자로 나서서 조언을 풀어놓으려 하지도 않는다. 그는 오로지 자기 의무가 허용하는 자기 일에만 몰두한다. (…) 그는 어떠한 분파 싸움에도 반대하고, 파벌을 싫어하며, 고상하고 굉장하며 야심에 찬 의견까지도 자진해서 들어보려고 하지 않는다. (…) 또한 스스로 (…) 공적 업무를 담당하며 이에 대한 책임을 지려고 하기보다는 다른 사람들에 의해 이 일이 잘 처리되기를 더 바랄 뿐이다."(6부, 1편)

요컨대 신중함의 덕성을 갖춘 자들은 이기적이긴 하지만, 어떤 의미에서든 사회에 유해한 존재는 아니다. 타인에 대한 관심보다 자신의 행복에 보다 주목하고, 급격한 변화보다는 온건한 변화나 현상 유지를 바라는 체제 순응적인 소시민일 뿐이다. 하지만 그 토대에는 성공을 좇는 야심이나 고결한 활동을 수행하고 있다는 명예욕보다 "몸과 마음의 확실한 평정"이 자리 잡고 있다. 그들은 다른 무엇보다 몸과 마음의 평화를 누릴 수 있는 상황을 더 좋아한다.

스미스는 개인의 건강이나 재산 그리고 지위와 평판에 관심을 기울이는 신중함은 존중할 만한 덕성임은 분명하지만, 모든 덕성들 가운데 아주 매력적이거나 고상한 덕성은 아니라고 본다. 예컨대 열정적인 사랑이나 감탄을 받을 만한 덕성은 아니라는 것이다(물론 용기와 자혜 그리고 정의원칙에 대한 신성불가침적인 존중과 연결된, 보다 고차원적인 신중함은 존재하고, 이것들은 필연적으로 모든 지성과 덕목의 완전한 상태를 가정한다).

신중함은 본디 인간의 이기적인 성향으로 인해 권장된 덕성이다. 신중한 사람일수록 타인의 일보다 자신의 일에 더 많은 관심을 가진다. 신중함은 그렇게 개인이 자기 상황에 적응하는 것을 인정한다.[36] 환언하자면 인간이 자신만의 특정한 환경에 적응함으로써, 그리고 효율적인 경제적 방식으로 행동함으로써 비롯되는 덕성이다. 하지만 신중한 사람은 무엇보다 허영심을 품지 않는다는 의미에서 행복한 사람이다. 스미스도 자기 행복에 관심을 갖기 위해서는 신중함의 덕성이 필요하다고 결론 내리고 있다.

적정한 보상과 처벌이
사회를 존속시킨다

스미스는 사랑, 친절, 분개 등 다양한 감정들의 적정성에 대해 언급
한 뒤, 어떤 행동에 따르는 보상과 처벌의 문제를 제기한다. 즉, 상벌
의 적정성에 대한 논의다. 『도덕감정론』 2부는 이렇게 시작한다.

> "인간의 행위와 품행에 속하는 자질들 중에 적정성과 부적정성, 예
> 의와 무례와는 명백하게 구분되는 것이 있다. 서로 분명하게 구별되
> 는 인정과 부인의 대상으로, 보상받아 마땅한 자질인 공로와 처벌받
> 아 마땅한 자질인 과실이 그것이다." (2부, 1편, 서론)

보상의 대상은 공로이며, 처벌의 대상은 과실이다. 일반적으로
공로는 행위의 적정성을 포함하며, 이로써 사람들은 누군가의 행위
를 인정하게 된다. 반면 과실은 행위의 부적정성을 포함하며, 이로

써 누군가의 행위를 부인하게 된다. 사실『도덕감정론』전체를 관통하고 있는 문제의식은 인간본성에 자리한 다양한 감정들이 외부로 표출될 때 나타나는, 인간행동의 적정성과 부적정성에 관한 문제라고 볼 수 있다.

누군가의 행동이 적정하다고 판단될 때, 그 행동을 인정하고 공감을 표하고 칭찬하는 것이나, 그 반대의 경우, 그 행동을 부정하고 공감 대신 비난을 보내는 일은 자연스럽다. 이렇게 어떤 행위에 대해 적정성의 여부와 인정과 부인이라는 감정을 토대로, 보상과 처벌의 방식은 작동한다. 그리고 여기에 그 행위가 지니는 성향이 추가된다.

다시 말해, 어떤 행위가 보상의 대상이 되기 위해서는 도덕적 적정성과 함께 자혜로움의 성향이 동반돼야 하고, 어떤 행위가 처벌의 대상이 되기 위해서는 도덕적 부적정성과 함께 성향상의 유해함이나 악덕을 동반해야 한다. 스미스는 보상과 처벌의 대상에 대해 이렇게 정리한다.

"도덕적으로 적정한 동기로부터 비롯되는 자혜로운 경향을 가진 행위들만이 보상을 필요로 하는 것 같다. 왜냐하면 그와 같은 행위들만이 모두가 인정하는 감사의 대상이거나 관찰자의 공감적 감사를 촉발시키기 때문이다."

"도덕적으로 부적정한 동기로부터 비롯되는 유해한 경향을 가진 행위들만이 처벌을 필요로 하는 것 같다. 왜냐하면 그와 같은 행위들만이 모두가 인정하는 분노의 대상이거나 관찰자의 공감적 분노를 자아내기 때문이다."(이상 2부, 2편, 1장)

나아가 스미스는 보상과 처벌에 대한 판단을 내리기 위해 행위의 결과와 동기를 분리할 필요가 있다[37]고 주장한다. 요컨대 도움을 주는 어떤 행위가 긍정적인 동기에서 유래한다면, 그 행위는 보상받을 만한 가치가 있고, 유해한 어떤 행위가 부적정한 동기에서 유래한다면, 그 행위는 처벌받아 마땅하다. 이미 2부 서론에서 스미스는 다음과 같이 언급해두었다.

"(…) 모든 행위의 원천이자 각 행위의 덕성이나 악덕 전체를 좌우하는 마음의 감정이나 의향은 두 가지 다른 관점 혹은 관계에서 고찰될 수 있을 것이다. 첫째는 행위를 일으킨 원인이나 행위를 일으킨 대상과의 관계이고, 둘째는 행위가 지향하는 목적이나 행위가 만들어내는 결과와의 관계다."(2부, 1편, 서론)

스미스는 "사회가 존재하기 위해 정당한 가치와 이유가 없는 악의는 적정한 처벌을 통해 억제돼야 한다"(2부, 1편, 5장)고 언급함으로써, 보상과 처벌의 사회적 기능 차원으로 논의를 확대시켜 나간다. 그런데 여기서 놓치지 말아야 할 지점이 있다. 보상과 처벌은 인간의 '이성'이 아니라 '도덕감정'을 통한 사회적 행위라는 언급이다.

"인간에게는 자연적으로 사회의 안녕과 존속을 바라는 욕망이 부여되어 있지만, 자연의 창조주는 어떤 특정한 처벌행위가 이 목적을 달성하는 데 적정한 수단인가를 발견할 수 있는 능력을 인간의 이성에 부여하지는 않았다. 다만 그것을 달성하는 데 가장 적절한, 바로 그 처벌행위를 즉각적으로 그리고 본능적으로 인정할 수 있는 능력만을 인간에게 부여했다."(2부, 1편, 5장)

스미스의 판단은 데카르트적 사고와는 달리 이성에 대한 절대적 신뢰감을 가지고 있지 않았다. 그에게 중요한 것은 인간의 이성이 아니라 감각과 감정이었다. 같은 맥락에서 보상과 처벌의 과정도 본능적이거나 직감적인 것이다. 예컨대 인간은 개별적인 행동이 사회에 유익할지 해악을 끼칠지 정확히 알지 못한다. 또한 직감적이거나 본능적인 행동들이 사회를 개선시킬 때, 그것이 이성에 기인한다고 생각할지도 모른다. 하지만 이는 사실상 자연이 인간에게 부여해준 감정들일 뿐이다.

보상과 처벌을 가능케 하는 감정들에 대한 스미스의 정리는 명료하다.

"우리로 하여금 아주 즉각적이고 직접적으로 보상을 하도록 하는 감정은 감사이고, 아주 즉각적이고 직접적으로 처벌하게 하는 감정은 분노다."(2부, 1편, 1장)

스미스에 따를 때, 인간에게 감사와 분노의 감정이 존재하지 않는다면, 보상이나 처벌에 대한 감정 역시 존재하지 않는다. 은혜에 감사하고, 타인에게 해를 입히는 행동에 분노하는 감정이 있기에 보상과 처벌이라는 도덕감정이 있는 것이다. 이렇게 보상감정으로 요약되는 감사('선에 대해 선'으로 되갚아주는 행위)와 처벌감정으로 요약되는 분노('악에 대해 악'으로 되갚아주는 행위)는 존재한다.

하지만 이 감정들의 적정성이 곧바로 인정되는 건 아니다. 공정한 관찰자들의 완벽한 공감이 필요조건이다.

> "그러나 인간본성의 모든 다른 열정들과 마찬가지로 이 두 감정들은 공정한 관찰자의 마음이 이 감정들에 완전히 공감할 때 (…) 적정한 것처럼 보이고 인정된다."(2부, 1편, 2장)

스미스는 이렇게 감정의 적정성과 비적정성에 대한 공감 여부를 다시 강조하고 나서, 범죄 가운데 가장 무시무시한 범죄의 처벌과 관련해 다음과 같은 입장을 표명한다.

> "자연은 처벌의 효용성에 대한 모든 고찰에 앞서 (…) 인간의 심장에 강력하고 지울 수 없는 문자로 신성하고 필수적인 복수의 법에 대한 직접적이고 본능적인 인정을 찍어놓았다."(2부, 1편, 2장)

위의 인용문과 관련해 한 가지 중요한 사실은, 흄과 달리 스미스에게 '효용'이 보상과 처벌의 척도가 아니라는 점이다. 앞서 언급했듯이 스미스는 행위의 동기와 결과를 분리하고, 행위자의 '동기'의 적정성과 부적정성 여부와 관련지어 판단을 내리고 있다. 다음의 내용을 살펴보자.

"(…) 행위자의 행위나 그 의도가 (…) 그 행위를 받는 사람에게 이익이 되거나 그와는 반대로 해가 된다고 하더라도, 전자의 경우 만약 행위자의 동기에 적정성이 없어 보인다면, 즉 우리가 그의 행동에 영향을 준 감정들에 공감할 수 없다면, 우리는 이익을 받은 사람이 느끼는 감사의 감정에 공감하기 어렵다. 후자의 경우 만약 행위자의 동기에 부적정성이 없어 보인다면, 즉 그의 행동에 영향을 준 감정들이 우리가 공감할 수밖에 없는 것이라면, 우리는 피해자의 분노에 공감할 수 없다."(2부, 1편, 3장)

"전자의 경우엔 감사를 거의 느끼지 않는 것이 타당하다. 후자의 경우엔 어떤 종류의 분노를 느끼는 것은 부당하다. 전자의 행동은 별로 보상받지 못할 만하며, 후자의 행동은 그 어떤 처벌도 받을 가치가 없는 것 같다."(2부, 1편, 3장)

이제 공로와 과실에 대한 보상과 처벌 그리고 보상감정과 처벌감정인 감사와 분노를 둘러싼 스미스의 복합적인 판단을 다음과 같이 정리해보자.

어떤 사람이 누군가의 행위로 이익을 얻었다고 치자. 이익을 얻은 사람이 느끼는 감사의 감정에 우리가 전적으로 공감하려 한다면, 먼저 우리가 마음으로 행위자의 행위원칙들을 수용하고, 또한 그의 행동에 영향을 준 감정들에 공감해야 한다.

그런데 이때 행위자의 행동 속에 그 어떤 적정성도 존재하지 않는다면, 그 행동의 결과가 타인들에게 유익하다 할지라도 보상을 받을 만한 가치가 있는 게 아니다. 그러나 행위가 유익하고, 동시에 그 행위의 동기가 되는 감정이 적정성을 가지며, 우리가 그 행위자의 동기에 완전히 공감한다면, 그는 감사의 감정과 함께 이에 상응하는 보상을 받을 가치가 있다.

공감할 수 없는 계기로 인해 누군가가 단지 타인의 불행의 원인이 됐다는 이유만으로, 우리가 타인(피해자)이 느끼는 분노에 공감할 수는 없다. 우리가 피해자의 분노를 수용할 수 있으려면, 먼저 그 누군가(가해자)가 행위의 동기를 부인하고, 그의 행동에 영향을 준 모든 감정들과의 공감을 거부해야 한다. 만약 이러한 행위의 동기들에 그 어떤 부적정성도 찾을 수 없다면, 그 행위는 그 어떤 처벌이나 분노의 적정한 대상이 될 수 없다. 행위의 결과가 타인들에게 아무리 치명적으로 나쁘다고 할지라도 말이다.

하지만 그 행위가 해를 끼치고, 그 행위의 원인이 된 감정이 부적정하며, 또한 우리가 혐오감을 느끼는 동시에 행위자의 동기에 대한 동포감정을 마음에서 거부한다면, 우리는 완전하게 피해자의 분노에 공감할 수 있다. 이와 같은 행위들은 상응하는 처벌을 받아 마땅한 것이다. 이때 처벌의 촉구는 분노감정에 대한 전적인 공감과 인정으로부터 나온 것이다.

보상과 처벌은 무엇보다도 사회의 존속이라는 중요한 사회적 기능을 담당한다. 어떤 사람이 사회에 유익한 행동을 할 경우, 우리는 이에 지지를 보내고 보상한다. 그 반대도 마찬가지다. 이러한 보상과 처벌은 사회가 기획한 것이 아니라 '본능적'인 것으로써, 인간은 개인의 행동이 사회에 어떤 이익이나 해를 입히는지 정확하게 모를 수도 있다.

사실 인간의 이성은 '불확실한' 안내자이다. 자연이나 신은 인간이라는 종과 사회를 존속시키기 위해 다양한 감정들을 부여해주었다. 인간이 이러한 감정들을 거역해 행동한다면 사회는 분열할 것이고, 사회적 생명체로서의 인간도 더 이상 존재하기 어려울 것이다. 스미스의 '보이지 않는 손'이란, 이러한 감정들이 초래하는 어떤 결과가 인간이 애당초 염두에 두었던 목적과는 다르다는 점을 시사하는 은유적 상징체인 것이다. 즉,

"(…) 모든 행위의 결과들은 전적으로 우연성이란 제국의 지배하에 있기 때문에, 우연성이 행위의 공로와 과실에 대한 인간의 감정들에 영향을 미치게 된다."(2부, 3편, 1장)

같은 맥락에서 보면, 인간의 본능적 행동이 사회를 향상시키는 것으로 기능할 때, 그 동인을 반드시 이성에서 찾을 필요는 없다. 이는 스미스나 스코틀랜드 계몽주의자들이 이성에 대한 절대적인 믿음 대신, 이성으로 계산할 수 없는 '의도하지 않은 결과'에 주목한 이유와 같다.

스미스는 인간행동에 의해 산출된 기능적인 사회질서 현상들에 관해 논의할 때, 인간의 기획이 아니라 신과 자연 또는 '자연의 작품'이라는 단어를 교환해가며 사용한다. 신에 대한 언급이 잦다고

해서, 행위를 통해 의도하지 않은 사회적 조화를 만들어내는 방법에 대한 스미스의 설명이 신학적 접근이라는 의미는 아니다. 근본적으로 그것은 인간의 도덕감정들에 기초한 사회소통 식의 접근이다. 이 방식은 신의 간섭을 가정하지도, 필요로 하지도 않는다.

자혜와 정의는
행복한 사회의 토대이다

자혜와 정의

앞서 자신의 행복에 관심을 가지기 위해 필요한 덕성으로 '신중함'을 살펴보았다(제9장). 신중함은 개인으로 하여금 마음의 평정을 유지하게 하는 덕성이었다. 이제 여기서 한 발 더 나아가 타인의 행복에 관심을 가지기 위해 스미스가 꼽아놓은 덕성을 살펴볼 차례다.

> "(…) 타인의 행복에 관심을 가지기 위해서는 정의와 자혜의 덕성을
> 가져야 한다. (…) 정의는 타인에게 해를 가하지 않도록 억제하며,
> 자혜는 타인의 행복을 적극적으로 증진시키도록 고무시킨다."(6부,
> 결론)

인간이 타인의 행복에 관심을 가질 때, 그를 위해 필요한 덕성들로 스미스는 '정의'와 '자혜'를 꼽는다. 이 덕성들은 공히 인간의 '자혜적인' 성향에서 비롯되는 것으로, 타인의 행복 나아가 행복한 사회의 구축과 관련해 스미스에게 매우 중요한 개념이다.

"자혜는 항상 자유로운 것으로서 권력으로 강제될 수 없다. 자혜가 없다고 처벌받는 것도 아니다. 단지 자혜의 부족 때문에 실제로 (타인에게) 적극적인 해를 끼치는 것이 아니기 때문이다. 자혜의 부족으로 당연히 기대되는 선행이 실현되지 않을 수 있으며, 그런 연유로 혐오와 부인이 야기될 수도 있다. 하지만 그러한 사실이 많은 사람들의 공분을 야기하는 것은 아니다."(2부, 2편, 1장)

만약 자혜의 부족이 타인의 분노를 야기하고, 공정한 관찰자로부터 행위의 적정성을 인정받지 못하는 원인이 된다면, 당사자는 결코 행복감을 느끼지 못할 것이다. 하지만 본디 자혜라는 덕성의 성향은 그렇지 않다. 자혜는 오로지 타인에게 호감과 쾌감을 전달해주는 도덕감정이다. 더구나 공정한 관찰자로부터 인정을 받아야만 하는 종류의 덕성도 아니다. 공정한 관찰자나 타인으로부터의 공감을 초월해 타인이 행복감을 느끼면, 그것으로 족한 감정이다. 그래서 자혜라는 덕성은 경외감과 거리가 멀다.

"우정, 관용, 자비가 보편적인 인정을 얻어 우리에게 실천을 촉구하는 일은 자유로운 것이다. 감사의 의무와 비교해서도 힘으로 강제할 성질은 더더욱 아니다. 우리는 감사의 책무에 대해 이야기하지만, 자비의 책무나 관용의 책무에 대해서는 언급하지 않는다. (…) 우정에 대해서도 마찬가지다."(2부, 2편, 1장)

스미스가 예를 든 것처럼, 우정과 관용과 자비 등 자혜의 덕성들은 인간의 자발적 의지에 따라 일어나는 감정이다. 자혜를 입은 이가 그에 보답하지 않는다고 해서 타인들로부터 증오를 살지언정 분노의 대상이 되는 건 아니다. 증오는 감정과 행동의 부적정성으로 인해 자연스럽게 초래되는 감정인 반면, 분노는 어떤 사람에게 실질적이고 확정적인 손해를 가한 행위에 의해 초래되는 감정이다. 증오는 보상을 요구하지 않지만, 분노는 보상을 요구한다.

그런데 타인의 행복에 관심을 가지기 위해서는 자혜라는 덕성에 한 가지 덕성이 더 요구된다. 자혜는 단지 권고할 만한 호감의 덕성일 뿐, 타인의 행복을 위해 강제돼야 하는 건 아니기 때문이다. 스미스는 타인의 행복에 관심을 기울이고 이를 조장하기 위해서는 또 다른 종류의 도덕감정이 필요하다고 말한다.

"(…) 세상에는 그 준수가 우리 의지의 자유에 맡겨지지 않고, 힘에 의해 강제되며, 이를 준수하지 않을 경우 분노의 감정을 유발하고, 나아가 처벌을 받게 되는 또 하나의 덕성이 있다. 이것이 바로 정의이다. 정의에 반하는 것은 곧 침해이다. 그것은 당연히 부인되는 동기에 기초해 특정한 사람에게 현실적이고 확고한 피해를 가하는 것을 뜻한다. 따라서 그것은 분노의 적정한 대상, 나아가 분노의 자연

적 귀결인 처벌의 적정한 대상이다."(2부, 2편, 1장)

　인간은 이러한 처벌을 위해 사용되는 폭력에 공감하고 이를 인정한다. 타인에 대한 침해는 곧 그 사람의 행복을 파괴하는 행위이기 때문이다. 원래 인간은 폭력 자체를 부인하고 증오한다. 하지만 불의로 발생한 해악을 겨냥한 폭력에 대해서는 공감하고 인정한다. 이는 타인의 행복뿐만 아니라 사회 전체의 행복과 연결돼 있기 때문이다. 스미스가 다음과 같이 처벌의 당위를 강조하는 까닭이 여기에 있다.

　"정의의 법을 어긴 사람에 대해서는 그가 타인에게 행한 해악을 직접 자신이 느끼게 해야만 한다. 자기 이웃 형제들의 고통에 대한 무관심이 그의 행동을 억제시키지 않았기 때문에, 그가 자기 고통의 공포에 시달려야 하는 것은 당연하다."(2부, 2편, 1장)

　무릇 인간이 타인에게 연관된 일보다 자기 자신에게 직접적으로 연관된 일에 더 많은 관심을 가지는 것은 자명한 사실이다. 하지만 그렇다고 행위의 도덕적 적정성을 벗어나, "타인을 희생시킴으로써 각자가 타인의 행복보다 자신의 행복에 대해 가지는 자연적 선호에 몰두하는 것은 공정한 관찰자가 공감할 수 있는 행위가 아니다."(2부, 2편, 2장)

　정의의 법을 위반한 사람은 공정한 관찰자의 공감을 얻어낼 수 없다. 만약 그가 자신의 행동규칙을 공정한 관찰자가 공감할 수 있게 하고, 또한 진정으로 이를 열망한다면, 그는 자기애[38]의 교만을 타인들이 공감할 수 있는 수준으로 억제해야만 한다. 그럴 때 인간은 '행위의 적정성' 아래서 타인의 행복보다 자신의 행복을 더 갈망하고 추구하는 것을 비로소 인정한다.

정의 가운데 가장 신성한 법은 타인의 생명과 신체를 보호하는 법이다. 이를 어겼을 때 가장 강력한 보복과 처벌이 가해진다. 또한 정의의 법은 타인의 재산과 소유물을 보호하고, 타인과의 약속으로부터 자신이 기대하는 것을 보호하는 법이기도 하다. 이때 국가는 정의의 법을 실천에 옮기는 행위의 주체자로 등장한다.

정의와 사회의 존속

스미스는 사회의 존속과 사회질서의 유지라는 관점에서 자혜(사랑과 애정)의 덕성을 다음과 같이 정리한다.

> "(…) 사회구성원들 사이에 사랑과 애정이 존재하지 않더라도, 그 사회는 덜 유쾌할지언정 반드시 붕괴되는 것은 아니다. 사회는 마치 상인들의 관계처럼, 효용에 대한 감각만으로도 존속할 수 있다. 서로에 대해 의무를 느끼거나 감사의 감정으로 결합되어 있지 않더라도, 사회는 상호 합의된 가치에 따라 돈을 목적으로 교환되는 선행에 의해 여전히 유지될 수 있는 것이다. 하지만 사회는 서로 해를 입히고 상처를 주려는 사람들 사이에서는 존립할 수 없다. 상대방에 대한 가해가 시작되는 순간, 그리고 분노와 증오가 나타나는 순간,

사회의 모든 유대관계는 산산이 부서지고, 사회구성원 모두는 상호 모순되는 감정의 폭력과 대립에 의해 (…) 흩어진다."(2부, 2편, 3장)

"사회를 유지하는 데 자혜는 정의보다 덜 중요하다. 비록 최선의 상태는 아니라 할지라도 사회는 자혜 없이도 존속할 수 있다. 그러나 불의가 만연할 경우, 사회는 완전히 붕괴한다."(2부, 2편, 3장)[39]

스미스에게 정의는 사회 존속을 위해 필수적인 덕성이다. 정의의 실천이 강제성을 띠게 되는 까닭이 여기에 있다. 또한 무엇보다 정의는 인간본성에 토대를 두고 있는 덕성이기도 하다. 즉, 정의를 어긴다는 것은 인간본성을 어긴 것과 같다.

"인간은 사회에 대해 타고난 애정을 지니고 있다. 인간들의 결합은 자기 자신이 사회로부터 어떤 이익도 얻지 못한다 하더라도 그 자체를 위해 보존되기를 바란다. 질서 있고 번영하는 사회 상태는 인간에게 유쾌함을 주며, 이를 생각하는 것만으로도 즐거운 일이다.
반대로 사회의 무질서와 혼란은 반감의 대상이다. 인간은 그런 상태를 만들려는 모든 것에 분노를 느낀다. 인간은 또한 자신의 이익이 사회의 번영과 관계 있으며, 행복뿐만 아니라 자기 존재의 보존도 사회의 보존에 의존한다는 사실을 알고 있다. 따라서 어떤 이유에서든 사회를 파괴할 가능성이 있는 모든 것에 대해 혐오감을 가지고, 증오스럽고 두려운 일의 발생을 저지할 수 있는 모든 방법을 동원한다."
(2부, 2편, 3장)

스미스에 의하면 인간과 사회 혹은 개인과 사회는 물질적인 이해관계를 초월해 '타고난 애정'으로 결합되어 있다. 이 둘 사이의 관계를 묶는 것은 '효용'이 아니라[40] '유쾌함'이다. 인간의 본성은 질서를 추구하기 때문에, 무질서 혹은 홉스 식의 "만인의, 만인에 대한 투쟁 상태"는 기실 인간본성과는 대립되는 것이다. 사회 속에서 인간이 생존한다는 것은 그를 둘러싸고 있는 환경에 적응하고 조화를 이룬다는 뜻이기도 하다.

인간이 자기 행복과 타인의 행복에 동시에 관심을 가지는 것 역시 인간본성에 적합한 상태에 부합한다. 그리고 이러한 사회야말로 번성하고 행복한 사회라고 스미스는 주장한다.

> "상호간의 사랑, 감사, 우정 그리고 존경의 감정에 기초해 서로가 필요로 하는 도움이 제공되는 사회, 이러한 사회는 번성하며 행복하다. 이러한 사회의 모든 구성원들은 서로 사랑과 애착의 유쾌한 끈으로 묶여서, 말하자면 상호선행이라는 하나의 공통된 중심으로 이끌린다."(2부, 2편, 3장)

이러한 사회를 유지하기 위해 필수적인 덕성이 바로 정의다. 스미스는 정의가 지니는 사회적 의미를 자혜와 비교하면서 이렇게 설명한다.

> "(…) 사회는 설령 가장 편안한 상태는 아니더라도 자혜 없이 존속할 수 있다. 그러나 불의의 만연은 사회를 완전히 붕괴시켜버린다.

히에로니무스 보스, 〈쾌락원〉

자연은 인간에게 응분의 보상이 있을 것임을 인식시킴으로써 자혜에 따른 행동을 권고한다. 하지만 그런 행동을 하지 않았을 때, 그에 상응하는 처벌이 있을 것이라고 공포를 조성하면서 그 실행을 보장하고 강제하는 일은 불필요하다고 생각했다.

자혜는 건물을 지지하는 기초가 아니라 건물을 아름답게 꾸미는 장식이다. 실행을 권고할 만한 것이기는 하지만, 그렇다고 강제할 필요까지는 없다. 반면 정의는 모든 건물을 지탱하는 중추적인 기둥이다. 만약 정의가 제거돼버린다면, 이 세상에서 축조하고 지지하는 것이 신의 특별하고도 소중한 관심사인, 위대하고 거대한 인간사회라는 구조물은 분명 한순간에 산산이 분해될 것이다.

따라서 정의의 준수를 강제하기 위해, 즉 약자를 보호하고 난폭한 사람을 저지하며 죄 지은 사람을 응징하기 위해, 자연은 인간의 가슴속에 악덕에 대한 인식과 정의를 위반할 때 가해지는 응분의 처벌에 대한 공포를 인간사회의 위대한 파수꾼으로 심어놓았다."(2부, 2편, 3장)

스미스는 홉스 식의 '자연 상태'에서 발생 가능한 일들의 개연성을 언급하면서 정의를 사회유지를 위해 필수적인 조건으로 간주한다. 보통 인간에겐 본성적으로 공감이라는 도덕감정이 주어져 있기는 하지만, 자신과 직접적인 관계를 맺지 않은 사람들에게는 별다른 감정을 느끼지 못할 때가 많다. 더구나 개인을 에워싼 타인들은 언제라도 개인을 해칠 만한 힘을 가지고 있다. 정의의 필요는 여기서 발생한다.

정의의 여신상

행위와 실천에 대한 보상감정을 담당하는 정의의 여신 유스티티아. 그 도덕적 적정성을 다루기 위해 그녀는 모든 편견으로부터 눈을 가린 형상으로 존재해 왔다. 스미스는 자연이 사회를 유지시키기 위해 인간에게 가장 강력한 본능으로서 정의를 부여했다고 말한다. 이처럼 정의는 인간의 사회적 본성이기도 하다.

개인을 보호하기 위해 정의는 행동의 일반적 규칙들을 만들어야 한다. 만약 사회에 이러한 규칙들이 존재하지 않거나 있더라도 준수되지 않는다면, "사람들은 마치 사자 우리에 들어가는 것과 같은 심정으로 인간 세상에 발을 들여놓아야만 한다."(2부, 2편, 3장)

일반적 규칙들과 의무감

정의에 관한 일반적 규칙들은 왜, 그리고 어떻게 만들어지는가? 인간이 항상 '공정한 관찰자'의 판단에 의거해 행동한다면, 일반적 규칙들, 즉 법은 필요하지 않았을 것이다. 그 행동에는 분쟁의 소지가 별로 없기 때문이다. 하지만 인간의 마음속에는 다양한 감정들이 복합적으로 작용하며 갈등한다. 그 가운데 '자기기만'이라는 감정이 있다.

> "인류의 치명적인 약점인 자기기만은 삶 가운데 발생하는 혼란들 중에서 절반의 원천이 된다."(3부, 4장, 282)

스미스는 사회질서를 어지럽히는 자기기만의 감정을 그대로 방치해둘 때, 그야말로 사회는 혼돈 상태, 혹은 홉스 식의 "만인의, 만인에 대한 투쟁 상태"로 변할 것이라 판단했다. 인간은 자기 이해관계에 따라 공정한 관찰자의 요구를 어긴 채 자기기만과 합리화에 빠져들어 갈 수 있기 때문이다. 이런 까닭에 '자연'은 인간에게 사회질서를 위한 일반적 규칙들을 만들도록 지시한다. 이 자연의 명령이란 인간의 마음속에 존재하는 '지혜'의 발현을 의미한다.

> "(…) 자연은 이처럼 큰 중요성을 지닌 인류의 약점[자기기만]을 아무런 구제책도 없이 그대로 방치해두지 않았다. 또한 자연은 우리를 완전한 자기애의 망상에 빠지도록 방치해두지도 않았다. 우리는 타인의 행동에 대한 지속적인 관찰을 통해, 무엇을 하고 무엇을 하지 말아야 적합하고 적정한가에 대한 어떤 일반적 규칙을 만들기에 이른다."(3부, 4장)

그리하여

> "우리는 스스로를 가증스럽고 경멸받아 마땅하거나 처벌을 받아 마땅한 존재로 만드는, 즉 우리를 최대의 두려움과 혐오의 대상으로 만드는 모든 행위를 회피해야 한다는 일반적 규칙을 스스로에게 설정한다."(3부, 4장)

이 일반적 규칙들은 공정한 관찰자가 비난받아 마땅하거나 경멸받아 마땅하다고 판단하는 행위를 금지한다. 또한 그 행위를 입은 당사자들의 분노와 보상—정의—에 대한 규칙이기도 하다.

반면 또 다른 차원의 일반적 규칙들도 존재한다. 이 규칙들은 공정한 관찰자가 칭찬받을 만한 행동들을 적극적으로 추진하는 규칙들이다.

"(…) 또 다른 행위는 우리의 인정을 자아내고, 주위의 모든 사람들이 동일하게 호의적인 감정을 드러내는 것이다. 모든 이가 그 행위에 명예를 부여하고 상을 주기를 원한다. 그 행위는 우리가 자연스럽게 가장 강한 욕구를 갖게 되는 모든 감정들, 즉 인류의 사랑, 감사, 찬사와 같은 것들을 자극한다. (…) 그리하여 기회가 있다면, 반드시 이 행위를 신중하게 실천에 옮겨야 한다는 또 하나의 규칙을 스스로 만들게 된다."(3부, 4장)

이 규칙들은 타인으로부터 호의적인 행위를 입은 이들의 감사의 감정—자혜—과 자연스럽게 연결된다.

정리하자면 스미스에게 일반적 규칙들은 타인의 생명, 재산, 자유를 침해하는 행동을 삼가게 만드는 '정의'와 타인의 이익을 증진시키는 행위를 하도록 지시하는 '자혜'로 구성된다. 이 규칙들은 인간이성의 의도적인 결과물이 아니다. 사회 속에서 타인과의 교류와 공감을 통해 자연스럽게 형성되는 것이다. 스미스는 이렇게 말한다.

"도덕의 일반적 규칙들은 궁극적으로 우리의 도덕적 능력, 즉 공로와 도덕적 적정성에 대한 자연적 감정이 특정 사례를 인정하거나 부인하는 경험에 기초하고 있다. (…) 일반적 규칙들은 어떤 종류나 방식의 행위들이 인정되거나 부정된다는 사실을 경험에서 발견함으로써 형성된다."(3부, 4장)

호감 있는 행위, 존경스러운 행위, 무서운 행위란 사실 그 행위

관찰자 내부의 사랑과 존경심과 공포심을 자극하는 것이다. 즉, 어떤 행위가 어떤 감정의 대상인지 결정하는 일반적 규칙들은 그 행위가 실제로 그러한 감정을 자극하는지 관찰함으로써 형성된다고 스미스는 말한다.

한 사회에서 살고 있는 여러 인간들은 상호간의 다양한 교류를 통해 특정한 감정들의 적정성에 대한 감각을 공유한다. 어떤 감정과 행위는 공히 공정한 관찰자의 인정을 받고, 또 다른 어떤 감정과 행위는 공히 공정한 관찰자의 분노와 비난의 대상이 되는 것이다. 인간은 이렇게 관찰과 경험을 반복함으로써 감정과 행위의 적정성 여부를 인식하고, 이 '습관적인 반성'을 통해 일반적 규칙들은 인간의 마음속에 정착한다. 이는 모든 사회구성원들에게 똑같이 적용되는 것으로서, "인간행동에서 무엇이 정의롭고 그렇지 않은지를 결정하는 궁극적 기초로서 사용된다."(3부, 4장)

이 일반적 규칙들을 자기 행위의 기준으로 고려할 때, 소용되는 감각이 바로 '의무감'이다. 스미스는 의무감에 대해 "인간생활에서 가장 중요한 원리이자, 대다수의 인류가 이를 기준으로 자기 행위에 방향을 부여하는 유일한 원리"(3부, 5장)라고 적는다.

예컨대 타인으로부터 큰 은혜를 입었을 때, 그 은인에게 감사의 마음으로 보답하고, 그를 최고의 존경심으로써 대하며, 자신이 되갚아야 할 의무들을 떠올리는 것은 자연스러우며 당연한 일이기도 하다. 이러한 반응과 태도에는 그 어떤 위선이나 가식, 이기적인 의도, 기만의 계획 등이 있어선 안 된다. 그렇다면 이 자연스러운 연쇄 행위의 동기는 어디에 있는 것일까? 스미스의 대답은 이렇다.

"그 행위의 동기는 이미 확립돼 있는 의무규칙에 대한 존경, 즉 모든 점에서 감사의 법에 따라 행동하려는 성실하고 진지한 열망에 있다."(3부, 5장)

도덕적인 일반규칙들에 대한 존경심이 없다면, 인간은 인간의 행위에 대해 그 어떤 신뢰감도 가질 수가 없을 것이다.[41] 바람직한 사회라는 것도 사회구성원들 간의 상호신뢰와 배려에 토대를 둔다. 스미스는 바로 이 신뢰감이 '원칙과 명예심을 가진 사람'과 '무가치한 사람'간의 가장 본질적인 차이점이라고 말한다.

"전자는 모든 경우에 꾸준히 단호하게 자신의 원칙을 고수하며, 자신의 전 생애를 통해 일관된 행동 방향을 유지한다. 후자는 기분, 성향, 이익 획득의 기회에 따라 각양각색으로 그리고 우발적으로 행동한다. 사실상 모든 인간의 감정이 변하기 때문에, 일반적 규칙들이 없다면, (…) 행위의 적정성에 관해 아무리 섬세한 감수성을 가지고 있던 사람들도 하찮은 경우나 그런 식으로 행동해야 할 진지한 동기가 부재한 경우에 자주 터무니없게 행동한다."(3부, 5장)

행위의 일반적 규칙들에 대한 존경이나 존중이 없을 때, 인간사회는 흔적도 없이 사라질 것이라고 스미스는 단언한다. 그리고 이러한 상태를 미연에 방지하기 위해 인간의 마음속에 자리한 의무감은 작동을 시작한다. 그런데 이 일반적 규칙에 대한 의무감을 다함으로써 인간이 얻는 것은 무엇일까? 오히려 일상적인 행위들에 대한 의

무감의 압박은 삶의 경직을 초래하는 것은 아닐까?

그러나 뜻밖에도 스미스는 의무감의 끝에 '마음의 평온'을 위치시킨다. 아시다시피 마음의 평온은 인간의 행복을 구성하는 가장 중요한 요소다.

> "(…) 우리 내면에 자리 잡고 있는 신의 대리자들은 내적 수치심과 자기비난의 고통을 통해 일반적 규칙들의 위반을 처벌하는 데 결코 실패하지 않는다. 반면 일반적 규칙들의 순종에 대해서는 마음의 평온과 자기만족으로써 그 행위를 항상 보상해준다."(3부, 5장)

행복은
마음의 평온을 유지하고 향유함에 있다

인간은 어떤 존재인가? 오래전부터 있어온 질문이지만, 딱히 정답이라는 게 있을 수 없는 질문이다. 대신 그럴싸한 해석들만 무궁무진하다. 그러니 상황을 인정하고, 한 국면이나마 곰곰이 되짚어보는 게 차라리 값진 영역이다. 그래서 이제 스미스를 빌려 살펴보려는 것도 바로 '행복'이라는 한 인간적인 차원일 뿐이다.

인간은 행복을 추구하는 존재다. 어느 누구도 불행해지는 걸 원치 않는다. 스미스는 이 인간 행복의 근원을 어디서부터 찾아 나섰을까? 자본의 시대를 처절하게 살아내야만 하는 오늘날의 호모에코노미쿠스들처럼 오로지 부의 축적에 모든 걸 환원시켜버렸을까? 출발은 불행의 조건들로부터다.

"탐욕은 빈곤과 부유함의 차이를 과대평가하고, 야심은 사생활과 공적 지위의 차이를, 허영심은 무명과 폭넓은 명성의 차이를 과대평가한다. 이런 터무니없는 열정에 빠져 있는 인물은 스스로 비참해질 뿐만 아니라, 종종 그런 어리석은 감탄에 빠지기 위해 사회의 평화를 교란하는 성향까지 지닌다. (…) 좋은 성품은 일상생활에서 공허 평온과 즐거움과 만족을 누릴 수 있다. (…) 허영과 우월이라는 쾌락은 진실 됨과 즐거움의 원리이자 토대인 완전한 평온과 좀처럼 양립하지 않는다."(3부, 3장)

스미스는 탐욕, 야심 그리고 허영심[42]을 인간을 불행하게 만드는 요소들로 판단한다. 타인보다 우월하다는 감각 역시 인간을 불행하게 만든다. 이러한 감정들을 초래하고, 자신을 '공정하게' 바라볼 수 없게 만드는 자기애는 공정한 관찰자로부터 비난의 대상이 된다. 그래서 누군가는 이렇게 외쳐댄다.

"인간은 무수한 대중 속 일인일 뿐, 어떤 점에서든 타인보다 더 우월할 것이 없다. 누군가 후안무치하거나 맹목적으로 타인보다 자기를 우선시한다면, 분개나 혐오 그리고 저주의 정당한 대상이 될 것이다."(3부, 3장)

그런데 누가 이렇게 외쳐댈까? 행복의 파괴자들에 대해 누가 이렇게 경고하고 있는 것일까? "타인의 행복에 영향을 끼치는 일을 할 때마다 우리의 가장 몰염치한 열정을 깜짝 놀라게 하는 것은 바로 이성과 원칙, 양심, 가슴속의 거주자, 즉 내부의 인간이다."(3부, 3장)

다시 말해 몰염치에 대한 가장 강력한 경고자는 곧 "행위의 위대한 재판관이자 조정자"인 공정한 관찰자인 것이다. 이 공정한 관찰자는 인간에게 원래 인간이 지닌 본성을 환기시킨다.

> "인간은 천성적으로 사랑받는 것뿐만 아니라 사랑받을 만한 사랑스러운 존재가 되기를, 즉 사랑의 자연스럽고 적정한 대상이 되기를 원한다. 반대로 천성적으로 미움 받는 것뿐만 아니라 미운 존재가 되는 것, 즉 미움의 자연스럽고 적정한 대상이 되는 것을 두려워한다."(3부, 2장)

> "자연이 인간을 사회에 적합하도록 만들었을 때, 자연은 인간에게 자신의 이웃과 형제를 기쁘게 해주고 싶다는 본원적 욕구와 그들을 불쾌하게 하는 것에 대한 본원적 혐오감을 부여해주었다. 자연은 인간에게 이웃과 형제로부터의 호의적인 고려에 기쁨을 느끼고, 비호의적인 고려에 대해 고통을 느끼도록 가르쳐주었다."(3부, 2장)

공정한 관찰자는 잘못된 행복을 추구하기 위해 타인을 불행하게 만드는 행위의 부적정성에 대해 진정한 행복을 언급함으로써 답변을 대신한다. 스미스는 진정한 행복의 의미를 이렇게 결론짓는다.

> "행복은 마음의 평정과 향유에 있다. 마음의 평정이 없다면 향유가 있을 수 없고, 완전한 평정이 있는 곳에는 즐길 수 없는 것이란 없다."(3부, 3장)

기본적으로 스미스의 행복에 대한 관념은 스토아철학의 입장을 수용한다. '자연에 따른 삶'과 '개인의 자연적 자유'에 대한 스미스의 강조가 이를 증명한다. 하지만 그가 스토아학파의 입장을 전적으로 수용한 건 아니다. 예컨대 그는 스토아학파의 '아파테이아 (apatheia, 완전한 무감각 혹은 냉담)를 비판한다. 또한 주요한 좋음의 덕성들뿐만 아니라 건강과 부와 같은 하위의 선들도 인정하고 있다.

『도덕감정론』은 5판까지 전체 내용이나 구성 면에서 크게 달라진 게 없었다. 하지만 1790년에 발행된 6판에서는 전과 다른 변화들이 있었다. 특히 5판까지는 1부 4편에 「스토아철학에 대해」라는 독립된 장이 있었다. 여기서 스미스는 인간본성의 도달점에 대해 완전한 초월적 완성을 그 목표로 삼는 스토아철학의 입장에 대해서만 반대했었다. 그런데 새로 추가된 6판의 3부 3장에서 스미스는 스토아학파의 '아파테이아'에 대해서도 비판을 가한다. 즉, 스토아학파 식의 무관심과 냉담은 사람들을 결코 유쾌하게 할 수 없으며, "형이상학적 궤변"으로서 어떤 목적에도 사용될 수 없다는 것이다.[44]

또한 같은 장에서 스미스는 스토아학파의 맥락에서 사용되는 '지혜로운 사람'에 대해서도 남다른 해석을 부여한다. 통상적으로 스토아학파 식의 현인이란 모든 상황에서 부동심을 유지하면서 근거 없는 비난에 대해 그 어떤 괴로움도 느끼지 않으며, 이를 운명이라 생각하는 자들이다. 그러나 스미스는 이를 적극적으로 재해석해, 마음의 평정심을 유지하지만 자신에 대한 근거 없는 비난을 피하고 타인을 위해 많은 것을 느끼려는 사람을 지혜로운 사람으로 규정한다. 어쨌거나 인간의 참 행복을 마음의 평정에서 찾고 있다는 점에서 스미스는 포괄적으로 스토아철학의 행복 개념을 수용하고 있다.

그렇다면 스미스는 다양하고 복합적인 감정들이 인간의 내면에서 갈등하고 대립하고 있는 상황에서 어떻게 마음의 평정을 유지할 수 있다고 생각했을까?

"건강하고, 부채가 없으며, 깨끗한 양심을 가진 사람의 행복에 무엇이 더해질 수 있단 말인가? 이러한 상황에 있는 사람에게는 재산상의 그 어떤 추가도 쓸모없는 짓이라고 말할 수 있다. 재산의 추가로 인해 기분이 아주 들떠 있다면, 그것은 분명히 가장 보잘것없는 경솔함의 결과일 것이다. (…) 건강하고, 부채가 없으며, 양심에 거리낌이 없는 상태에 비록 추가될 것은 별로 없다고 할지라도, 이 상태에서 많은 것들이 취해질 수 있다. 이 상태와 인간의 최고 행복의 사이에 있는 간격은 하찮은 것에 불과할 뿐이다."(1부, 3편, 1장)

마음의 평정을 얻고자 한다면, 첫째 건강해야 하고, 둘째 부채가 없어야 하며, 셋째 깨끗한 양심을 가져야 한다. 이러한 상태가 곧 진정한 행복을 위해 필요한 마음의 평정이다. 그래서 스미스가 보기에 진정한 행복을 위해 추가적인 재산증식은 필요가 없다.

참 행복을 마음의 평정에서 찾는다고 해서 물론 그가 행복을 위한 물질적 토대를 아예 무시했던 것은 아니다. 행복을 위해 필요한 물질적 수단인 재산은 건강을 유지하고, 채무를 질 필요가 없으며, 깨끗한 양심을 유지할 만큼은 필요하다. 참 행복의 조건은 생활을 영위하기 위해 필요한 물질적 수단과 평정한 마음의 결합에 있다.[45]

사실상 스미스의 참 행복은 과도함과 부족함이 없는 행위의 도덕적 적정성, 즉 '중용'의 도덕감정을 그 기본으로 하고 있다. 이 조건들이 충족됐을 때, 참 행복이 달성되는 셈이다.

하지만 가난한 자들은 가난함을 수치스럽게 생각한다. 서둘러 가난에서 벗어나려 한다. 가난하고 천한 상태에 있는 사람들을 경멸하거나 무시하는 것이 인간의 모든 도덕감정들을 타락시키는 보편적인 원인이거니와, 가난한 자들은 타인의 경멸과 무시에서 벗어나기 위해 도리어 부와 사회적 지위를 얻으려 한다.

그래서 가난한 자들은 부유하고 권세 있는 자들을 부러워한다. 그들이 어떤 내면을 지녔는지는 별로 중요하지 않다. 가난한 자의 눈에는 그들이 부러움과 존경의 대상이라는 외형적 사실이 훨씬 더 중요하다. 죽어서야 멈춘다는 인간의 권력에 대한 욕구를 말한 게 홉스였던가. 가난한 자들은 권력과 부를 쟁취하기 위해 모든 노력을 아끼지 않는다.

결국 이 메커니즘은 가난한 자로 하여금 부와 권력을 자기 행복의 궁극적 조건으로 인식하고, 그를 좇는 야심을 갖게 만든다.[46] 부와 권력이 육체의 건강과 정신의 평온에 보잘것없는 효용의 대상임을 깨닫는 것은 그로부터 많은 시간이 지난 뒤다. 스미스는 이런 예화를 빌려온다.

"신이 화가 나서 야심을 불어넣은 가난한 사람의 아들이 자기 주위를 둘러보고는 부자의 상황에 감탄한다. 그는 아버지의 오두막이 자신의 거처로서는 너무 작다고 생각한다. 그래서 그는 저택에서 더 편안하게 생활해야겠다고 상상한다. 그는 걸어 다녀야만 하거나 말을 타고 다니는 피로를 참아야 한다는 사실이 불쾌해진다. 그는 자신보다 높은 사람들이 마차를 타고 다니는 것을 본다. 그리고 자신도 그 마차들 중 하나를 타고 여행한다면 덜 불편하게 여행할 수 있을 것이라 상상한다. 그는 스스로 천성이 게으르다고 생각하고는 가능한 한 자기 손으로 자신을 돌보는 일을 적게 하려고 생각한다. 그리고 수많은 하인들이 자신을 많은 수고로부터 해방시켜줄 것이라고 판단한다.

그는 만약 이 모든 것들을 얻게 된다면, 매우 만족스럽게 앉아 그 상황에 행복해하면서 조용히 지낼 수 있으리라고 생각한다. 그는 이렇게 지극한 행복에 관한 터무니없는 생각에 홀리게 된다. 그의 공상 속에서는 이것이 몇몇 상류 계층 사람들의 생활인 것처럼 보인다. 그래서 이에 도달하기 위해 영원히 부와 권세를 추구하는 데 자신의 모든 것을 바친다. 이것이 가져다주는 편리함을 얻기 위해 그는 노력이 시작된 첫해에, 아니 첫 달에, 이러한 편리함의 결여 때문에 자신이 평생 동안 겪게 될 것보다 더 큰 육체적 피로와 정신적 불안감을 감수한다."(4부, 1장)

그래서 그는 타인들과의 경쟁에서 이겨 부와 권력을 자신의 수중에 넣기 위해 수단과 방법을 가리지 않는다.

"불굴의 근면함으로 그는 모든 경쟁자보다 수월한 재능을 획득하고자 밤낮으로 진력한다. (…) 그는 이러한 재능이 공중의 눈에 띄도록 노력하며, (…) 열심히 여러 취직의 기회를 사람들에게 간청한다. 이를 위해 그는 모든 이들의 비위를 맞춘다. 그는 마음속으로 증오하는 사람들에게까지 봉사하고, 경멸하는 사람들에게까지 아첨한다. 그는 전 생애를 통해 자신이 결코 도달하지 못할지도 모르는 어떤 인위적인 우아한 휴식에 대해 생각하며, 그를 위해 어느 때나 자신의 힘으로 쉽게 이룩할 수 있는 진정한 마음의 평온을 희생한다."(4부, 1장)

하지만 나이가 들고 육체적으로 쇠약해질 때, 비로소 그는 부와 권력이 행복을 가져다주지 못한다는 사실을 깨닫고, 지나간 세월의 무상함에 빠진다.

"그리고 아주 늙어 마침내 휴식을 얻는다 할지라도, 그는 이 휴식이 어떤 점에서든 자신이 이를 위해 포기한 저 평범한 안전과 만족보다 낫지 않다는 것을 깨닫게 될 것이다. 인생 최후의 순간이 되어 그의 육체가 고통과 질병으로 쇠약해지고, 적들의 불의와 동지들의 배신과 망은으로 인해, 그리고 그간 받아왔다고 상상하는 수많은 침해와 실망의 기억으로 인해, 자신의 마음이 쓰라리고 괴로울 때가 되어서야 비로소 그는 그러한 부와 권세가 단지 보잘것없는 효용만을 지닌 자질구레한 것에 불과하며, 육체의 안락함과 마음의 평온을 확보하는 데 노리개를 좋아하는 사람들의 족집게 상자 정도의 유용성밖에 없다는 것을, 그리고 부와 권세는 족집게 상자와 마찬가지로 그것을 몸에 지니고 다니는 사람에게 줄 수 있는 편리함 이상으로 번거롭다는 사실을 깨닫기 시작한다.

(…) 부와 권세는 인간의 천성인 탁월함에 대한 사랑을 더 효과적으로 만족시킨다. (…) 관찰자가 부와 권세 있는 사람들의 상황에 매우 감탄하는 이유를 조사해보면, 그들이 향유한다고 보이는 월등한 안락함이나 기쁨보다는 그 안락함이나 기쁨을 촉진하기 위한, 무수히 많은 인위적이고 우아한 물건들에 있다는 사실을 깨닫게 될 것이다. 관찰자도 그들이 다른 사람들보다 정말로 더 행복하다고는 생각조차 하지 않는다. 관찰자는 단지 그들이 행복을 추구하는 수단들을 보다 많이 가지고 있다고 생각할 뿐이다.

(…) 그러나 질병으로 무기력해지고 노령으로 피로해졌을 때, 헛되고 공허한 권세의 탁월함이 주는 즐거움은 사라진다. 그 상황에서 즐거움은 이전에 마음을 사로잡았던 사람에게조차 고생스러운 노력을 계속하게 할 정도로 마음을 끌지 못한다. 그는 마음속으로 젊은 시절의 야심을 저주하고, (…) 손에 넣었을 때 진실한 만족을 주지 못하는 것들을 얻으려고 어리석게도 희생해버린 것들을 부질없이 아쉬워할 뿐이다."(4부, 1장)

가난한 사람들은 부와 권세를 동경해 자기 전 생애를 통해 이를 획득하려고 모든 것을 바친다. 하지만 결국 부와 권세의 획득이 참 행복이 아니라는 사실을, 그리고 스스로의 어리석음을 뒤늦게 깨닫는다.

스미스 행복론의 결론은 이렇다. 부나 권세가 개인에게 변함없는 행복을 가져다주는 것은 결단코 아니다. 물론 행복을 위한 물질적 수단은 분명히 필요하다. 하지만 그렇다고 부의 증식이 곧 행복의 증대를 의미하는 건 아니다. 인간의 행복은 행위의 도덕적 적정성 속에서 생겨나는 마음의 평온과 그의 향유에 있다.

스미스 시대의 상업사회도 그랬거니와 오늘날의 자본주의사회에서 돈과 물질은 더없이 그 위력을 과시하고 있다. 사람들은 자본 앞에 머리를 숙이고, 그것을 떠받들기까지 한다. 경제 권력으로서의 화폐가 절대 권력으로 여겨지는 게 낯설지 않을 지경이다. 그러나 행복에 관한 한 자명한 사실이 있다. 동서고금을 막론하고 행복의 본질은 물질보다 정신에 있(었)다는 점이다.

그럼에도 불구하고 현실 속에서 이 자명한 명제를 앎(실천)으로 옮기는 일은 결코 쉬운 일이 아니다. 스미스가 실천의 차원에서 '지혜로운 사람'과 '나약한 사람'을 구분한 까닭도 여기에 있을 것이다. 다음 장에서 마음의 평온과 그 실천을 염두에 두고, 인간의 대비적인 두 성품을 살펴보도록 하자.

양심에 따른 실천과
세간의 평가에만 따른 실천

가치판단의 두 근거

스미스에 따르면, 인간은 천성적으로 사랑받고 사랑받을 만한 존재가 되기를 희망하며, 반대로 비난받고 비난받을 만한 존재가 되는 것을 두려워한다. 사랑은 자기 존재감의 확인과 행복의 관문을 여는 열쇠이고, 비난은 불행의 통로로 이끄는 열쇠다. 이는 자명한 사실이자, 인간이 자기 행위의 적정성에 신경을 쓰게 만드는 원인이기도 하다.

　행위의 적정성과 부적정성에 대한 가치판단—칭찬과 비난—은 세상 사람들의 몫이다. 이들은 현실적인 관찰자들로서, 타인을 평가할 때 무엇보다 특정인의 외적인 행위에 주목한다. 그러나 스미스에게 관찰자란 단지 세상 사람들(외부) 속에만 존재하는 것이 아니다.

개인들 또한 자기 마음속(내부)에 '공정한 관찰자'를 품고 있다. 스미스는 인간이 어떤 관찰자의 판단에 더 주목하는가에 따라, '지혜로운 사람'과 '나약한 사람'으로 구분한다.

인간행위에 대한 칭찬과 비난은 세상 사람들로부터 먼저 시작되지만, 이 평가가 전적으로 옳고 타당한 것은 아니다. 자연스럽게 인간은 마음속 공정한 관찰자의 판단을 기대한다. 현실적인 관찰자들은 행위자들에게 외적인 평가를 내리지만, 마음속 공정한 관찰자의 판단은 행위자 본인의 양심에 주목한다. 이는 세속적인 평가와는 전혀 다른 종류의 것으로서, 어떤 행위가 진정으로 칭찬받거나 비난받을 대상인지 개인들의 마음속에 직접 알린다.

스미스는 세상 사람들의 판단을 외부의 제1심 재판관의 것에, 마음속 공정한 관찰자의 판단을 내부의 제2심 재판관의 것에 비유해 다음과 같이 정리한다.

"(…) 인간은 이렇게 즉석 재판관이 됐지만, 이는 1심에 있어서만 그러한 것이고, 그 판결에 대해서는 훨씬 더 높은 법정, 즉 자기 양심의 법정이나 사정에 정통한 공정한 관찰자의 법정, 그리고 자기 행위의 위대한 재판관이자 조정자인 가슴속 인간의 법정에 상소할 수 있다. 이 두 가지 법정의 사법권은 어떤 점에서는 유사하지만, 실제로는 상이하게 구별되는 원리들에 기초를 두고 있다.

외부 재판권은 단지 전적으로 현실적인 칭찬에 대한 욕구와 비난에 대한 혐오감에 기초를 두고 있다. 반면 내부 재판권은 전적으로 칭찬할 가치가 있음에 대한 욕구와 비난받아 마땅함에 대한 혐오감에 기초를 두고 있다.

(…) 만약 외부의 인간이 우리가 수행하지 않은 행위나 우리에게 영향을 주지 않은 동기에 대해 갈채를 보낸다면, 내부의 인간은 그것을 받는다는 것이 스스로를 욕되게 한다는 사실을 알려줌으로써 근거 없는 칭찬이 이끌어낼지도 모르는 정신적 자만과 우쭐거림을 일거에 진정시킬 수 있다.

이와는 반대로 외부의 인간이 우리가 결코 수행하지 않은 행위나 어떤 영향도 미치지 않은 동기를 놓고 우리를 비난한다면, 내부의 인간은 즉시 이 잘못된 재판을 정정하고, 우리는 그렇게 부당하게 부과된 비난의 적정한 대상이 아니라는 사실을 보증해줄 것이다.

그러나 이 경우와 또 다른 몇몇 경우들에서 내부의 인간은 때로 외부의 인간의 격렬함과 아우성 때문에 경악하고 당황해하는 것처럼 보인다. 비난이 퍼부어질 땐, 그 맹렬함과 소란스러움 탓에 칭찬할 만한 가치나 비난받아 마땅한 것에 대한 우리의 자연적 감각이 마비되는 것 같기도 하다. 내부에서 인간의 판단이 절대적으로 변경되거나 그릇된 방향으로 틀어지지는 않지만, 내부에서 결정의 확고부동성이 크게 동요되어 종종 정신의 평정을 확보하는 자연적 효과가 크게 파괴될지도 모른다."(3부, 2장)[47]

스미스에게 '지혜로운 사람'과 '나약한 사람'의 차이는 무엇보다 세상 사람들의 현실적인 판단을 따르는가 아니면 공정한 관찰자의 판단에 따르는가에 달려 있다. 지혜로운 사람은 대부분 세상 사람들의 평가보다는 마음속 공정한 관찰자의 평가를 더 중요하게 여기고,

이에 따라 행동한다. 반면에 나약한 사람은 세상 사람들의 직접적인 평가에 모든 신경을 쏟아 부으며, 마음속 공정한 관찰자의 지시와 평가를 무시하려 든다. 스미스는 이렇게 말문을 연다.

> "칭찬에 대한 선호는 대부분 칭찬받을 만한 존재에 대한 선호로부터 도출되는 것 같다. 가장 진지한 칭찬도 칭찬할 만한 가치가 있는 증거로서 간주될 수 없을 때, 전혀 기쁨을 줄 수가 없다. 무지나 착각 때문에 존경과 찬사의 대상이 된다는 것은 충분치 않은 설명이다. 만약 이렇게 호의적으로 여겨질 만한 자격도 갖지 못하고, 진실이 밝혀질 때 매우 다른 감정으로 평가된다는 점을 깨닫는다면, 우리의 만족은 결코 완전하지 못하다.
>
> (…) 이러한 근거 없는 칭찬에 기뻐하는 것은 천박한 경솔함과 나약함의 증거다. 그것은 허영심이라고 불리기에 적당하며, 가장 어리석고 경멸할 만한 악덕, 즉 허식과 일상적 위선의 토대다.
>
> (…) 있지도 않았던 모험담을 이야기하면서 동료의 존경을 받으려는 우매한 거짓말쟁이와 그럴 자격조차 없다는 것을 잘 알고 있으면서도 높은 신분인 체하는 거드름꾼, 이런 두 가지 유형의 인간들만이 본인들이 상상하는 칭찬에 여지없이 기뻐한다." (3부, 2장)

이들의 그릇된 상상은 어디서 비롯됐을까?

> "이들의 허영심은 (…) 엄청난 착각에서 생겨난다. 이들은 속였다고 생각하는 사람들의 입장에 자신을 놓고 스스로 크게 감탄한다. 이들

은 동료들에게 당연히 비쳐져야 하는 관점이 아니라, 동료들이 실제로 보고 있다고 스스로가 믿고 있는 관점에서 자신을 바라본다."(3부, 2장)

이런 종류의 사람들은 마음속 공정한 관찰자의 평가에는 아랑곳하지 않는다. 그저 세상 사람들의 평가에만 주목할 뿐, 그 진위 여부에는 관심이 없다. 요컨대 지혜로운 사람과 나약한 사람의 결정적 차이는 자기 행위에 대한 진정성과 내면의 성찰에 있다. 스미스는 계속해서 자신의 생각을 이어나간다.

"자연이 인간을 사회에 적합하도록 만들었을 때, 자연은 인간에게 자기 이웃 형제들을 기쁘게 해주고 싶다는 본원적 욕구와 그들을 불쾌하게 하는 것에 대한 본원적 혐오감을 부여해주었다. 또한 자연은 인간에게 이웃 형제들로부터의 호의적인 배려에 기쁨을 느끼고, 비호의적인 고려에 대해 고통을 느끼도록 가르쳐주었다.
(…) 그러나 이웃 형제들에 대한 인정의 욕구와 그들의 부인에 대한 혐오감만으로는 인간을 이 사회에 적합하게 만드는 데 충분치 않다. 인간은 이웃 형제들로부터 인정받고 싶다는 욕구뿐만 아니라 인정받아 마땅한 존재가 되고 싶다는 욕구, 혹은 타인들 속에서 자기 스스로 인정하는 존재가 되고 싶다는 욕구를 자연으로부터 부여받았다."(3부, 2장)

이웃 형제들로부터 "인정받고 싶다는 욕구"는 그저 사회에 적합하게 보이기를 원하며, 덕성을 뽐내거나 악덕을 숨기도록 자극하는 욕구일 뿐이다. 반면 "인정받아 마땅한 존재가 되고 싶다는 욕구"는 진정으로 사회에 적합한 것을 열망하며, 덕성에 대한 진정한 사랑과 악덕에 대한 진정한 기피를 자극하는 그러한 욕구이다. 따라서 "잘 수양된 인격을 가진 사람들에게는 둘 가운데 두 번째 욕구가 더 강한 것으로 인식된다."(3부, 2장)

지혜로운 사람은 칭찬받을 만한 가치가 있을 일을 했다는 그 자체에 기쁨을 느낀다. 설령 세상 사람들로부터 인정을 받지 못한다 하더라도, 그는 스스로를 인정의 자연스러운 대상으로 만들었다는 사실을 떠올리는 것만으로도 즐거움을 느낀다. 그는 공정한 관찰자의 입장에서 자기 행위를 생각하고, 자기 행위에 영향을 미친 모든 동기들에 완전히 공감한다. 그는 자기 행동이 비난을 받아 마땅하다고 느낀다면, 설령 그 비난이 실제로 가해지지 않았다 할지라도 반성하고 괴로워한다.

"지혜로운 사람은 타당하지 않은 모든 칭찬을 경멸로써 거부하고, 대신 부당한 비난 앞에 심하게 불공정함을 느낀다. 스스로 행하지 않은 행위에 대해 칭찬받거나 자신의 것이 아닌 않은 공적을 받아들이게 될 때, 마치 그는 비열한 허위의 죄를 진 것처럼, 자신에게 감탄했던 사람들로부터 감탄이 아닌 경멸을 받아야 합당한 것처럼 느낀다."(3부, 2장)

그는 자신이 한 일을 사람들이 잘 모를 경우에도, 피상적으로 외부 시선이 그를 판단하는 관점이 아니라, 그들이 일의 사정을 더 잘 안다고 상정할 때 그를 어떻게 볼 것인가의 관점에서 자신을 고찰하려 한다. 지혜로운 사람이란 사실상 "발생하지 않은 감정"에 대한 공감[48]을 통해 스스로에게 기쁨을 표한다.

그렇다면 지혜로운 사람은 세상 사람들의 평가에는 전혀 신경을 쓰지 않는 것일까? 그렇지 않다. 지혜로운 사람도 자신이 행하지 않은 범죄로 세상 사람들로부터 중상모략을 받게 되면, 큰 고통을 느끼고 분노한다. 그도 역시 세상 사람들의 감정에 반응하는 감수성을 지닌 인간이다.

인간 가운데 가장 나약하고 천박한 사람들만이 전혀 칭찬받을 만한 일을 하지 않았는데도 불구하고 칭찬을 받으면 크게 기뻐한다. 이는 나약한 자의 내면에 도사린 허영심의 결과다. 물론 지혜로운 자들이 이해관계를 떠나 정당한 명예와 진정한 영광을 추구하는 것 자체도 의미 있는 일이다. 하지만 그들은 "자기 행동의 모든 부분에 확신을 가지고 있는 경우에도 마치 완전히 도덕적으로 적정하다는 확신을 갖고 있지 못할 때처럼 명예를 좇지 않는다."(3부, 2장)

반면 나약한 사람은 허위적이고 기만적인 관점에서 자신을 바라보는 것에 큰 희열을 느낀다. 그는 모든 칭찬받을 만한 행위의 공로를 독차지하려 한다. 타인의 공로까지도 자기의 것인 양 행동하는 것이다. 스스로 하지 않은 일을 했다고 주장하는 그는 결국 "표절과 일상적인 거짓말이라는 비열한 악덕 속으로 빠져든다."(3부, 2장)

지혜로운 사람의 행복과 나약한 사람의 불행

정리하자면, 지혜로운 자는 '자제'라는 도덕감정을 통해 자기 행위의 적정성을 공정한 관찰자로부터 인정받으려 하고, 그의 비난에 대해 염려한다. 지혜로운 자의 내면에서는 양심과 양심의 가책이라는 도덕감정이 자리 잡은 채 항상 작동하고 있다.

지혜로운 자는 죄를 지었으면, 세상천지에 지은 그 죄를 고백한다. 물론 나약한 자도 자신의 악행이 세상 사람들에게 알려질까 두려워하면서 마음속 공정한 관찰자가 전하는 비난의 소리에 고민하고 갈등하기는 한다. 하지만 그의 내면에 자리 잡은 나약함은 자기기만을 통해 자기 행위에 대한 공정한 관찰자의 인정과 부인을 최종적으로 무시하고 만다.

> "행동에 앞서 열정이 강렬하면, 우리는 그 행위를 제3자의 공정한 입장에서 고려하지 못한다. (…) 자신을 타인의 위치에 놓으려고 노력하고, 타인들에게 자연스럽게 비춰지는 관점에서 (…) 사물을 보려고 노력하더라도, 자기감정의 맹렬함으로 인해 우리는 자기 관점으로 물러나게 된다. 여기서 자기 관점이란 자기애로 인해 사물이 과장되고 왜곡되어 보이는 것을 뜻한다.
>
> (…) 행위가 끝나고 그를 촉진한 열정들이 가라앉았을 때, 우리는 보다 더 공정한 관찰자의 감정에 공감할 수 있다. (…) 가장 공정한 관찰자의 엄격한 눈으로써 자기 상황을 바라보고, 또 다른 한편으로 자기 행동을 바라볼 수 있다. (…) 하지만 이 경우에도 우리의 판단

이 아주 공정하지는 못하다. 자기 성격에 대해 스스로 가지고 있는 판단은 전적으로 자신의 과거 행동에 의존한다. (…) 그래서 종종 불리한 판단이 내려질 상황으로부터는 의식적으로 눈을 돌려버린다."
(3부, 4장)

그래서 나약한 자는 이 모든 상황을 자기기만이라는 감정을 통해 극복하려고 한다. 하지만 앞서 지적했듯이, 자기기만은 인간이 지닌 치명적 약점으로서 인간생활에서 발생하는 혼란 가운데 절반을 차지하는 혼란의 원천이라고 스미스는 역설한다.

지혜로운 자는 우리가 자연스럽게 사랑하고 존경하는 사람으로, 자신의 본원적이고 이기적 감정들을 자제심을 통해 완전하게 규제한다. 또한 공감의 차원에서 타인의 본원적 감정에 섬세한 감수성을 드러내 보인다. 요컨대 이기심이나 자기애를 절제하고, 타인에 대해 더 많은 감정들을 느끼려 하며, 타인과의 진정한 소통을 통해 자기 행동의 적정성에 대한 감각을 유지하려 노력한다.

이런 점에서 스미스의 '신중한 사람'과 '지혜로운 사람'은 다르다. 전자는 무엇보다 자신의 행복과 일에만 신경을 쓰는 반면, 후자는 자신의 이익보다는 자신이 속한 계층이나 사회의 공익을 위해 행동하고 헌신한다.

다시 말해 지혜로운 자는 사회에 존재하는 나와 타인과의 '관계' 안에서 자신의 이해관계를 떠올린다. 그 결과 그는 "계층이나 사회의 이익은 그보다 상위에 있는 국가나 주권의 더 큰 이익을 위해 희생돼야"하며, "모든 하위의 이익은 우주의 더 큰 이익을 위해 (…)

저 거대한 사회의 이익을 위해 기꺼이 희생돼야 한다"(6부, 2편, 3장)
고 생각한다.

그렇다면 지혜로운 자들이 이렇게 대승적인 실천을 감행하는 동
인은 무엇일까? 스미스는 이를 '보편적 자혜'라 표명한다.

"국가라는 한계를 넘어 보다 넓은 사회로 우리 선행의 효과를 확대
하는 게 불가능할지라도, 그 선한 의지는 어떤 경계에도 한정되지
않고 무한한 우주를 포괄할지 모른다. 순결하고 분별력 있는 어떤
존재 앞에서 우리는 그가 행복하기를 바라고, 또 그의 불행에 대해
서는 (…) 전적으로 싫어해야 한다. 하지만 이와 반대로 분별력은 있
지만 순결하지 않고 사악한 어떤 존재 앞에서 우리는 자연스럽게 증
오감이 끓어오를 것이다. 이 경우 우리가 그에 대해 품게 되는 악의
는 사실상 보편적 자혜의 결과이다."(6부, 2편, 3장)

보편적 자혜는 "사악한 존재의 악 때문에 행복이 차단되고 있는,
순결하고 사려 깊은 존재들의 분노와 불행에 대해 우리가 느끼는 공
감"(6부, 2편, 3장)에서 유래한다. 예컨대 이 보편적 자혜가 존재하지
않는 세상은 "아버지가 없는 세상"[49]과 매한가지일 것이다.

지혜로운 자는 보편적 자혜에서 생겨나는 기쁨을 누릴 줄 아는
이다. 그러기에 자기 이익이나 개인적인 행복보다는 사회와 공공의
이익을 먼저 생각한다. 스미스의 전제와 같이, 인간의 행복이 마음
의 평온과 그 향유에 있다고 한다면, 이 사람은 분명히 행복한 사람
일 것이다.

반면에 세상 사람들의 이목에만 관심을 기울이는 나약한 자는 자기성찰을 통한 타인과의 진정한 소통을 원치 않는다. 그의 관심사는 오로지 세상 사람들의 입에서 오르내리는 자신의 대한 좋은 평가일 뿐이다. 모든 촉각이 외부로 향해 있는 그의 마음속에 마음의 평온이 깃들 리 만무하다. 결국 그는 불행한 위치로 추락하고 말 것이다. 양심과 그 가책을 느끼지 못하고, 마음 표현이 일순간에 변해버리거나 진정한 마음의 소리인 공정한 관찰자의 냉엄한 판단을 무시하는 나약한 자들이 행복한 사람이 될 수 없음은 명백한 사실이다.

양심과 자기성찰

자연은 처벌보다 더 '직접적인 것'을 인간에게 부여해주었다고 스미스는 생각한다. 그것이 바로 자기비판이다. 처벌이 타인에 의한 것임에 반해, 자기비판은 내면과의 진실한 대화와 성찰을 통해 달성되는 행위이다. 이는 곧 양심이기도 하다.

앞서 가치판단의 두 근거로 제시된 현실(외부)의 관찰자와 마음속(내부) 공정한 관찰자를 놓고 볼 때, 자기비판과 양심이 제대로 작동하기 위해서는 후자의 역할이 크다. 외부의 세속적 평가에만 신경을 쓴다면, 자기 내면에서 성찰어린 비판은 결코 이루어질 수 없기 때문이다. 양심은 공정한 관찰자와의 대화를 의미하며, 스미스는 마음속 거주자인 공정한 관찰자와 양심의 원칙을 동일시했다.

스미스는『도덕감정론』제3부 3장에서 '양심의 영향과 권위'에 대해 본격적으로 설명해나간다. 양심이 지니는 권위는 습관과 경험으로부터 생겨나는 것으로서 그가 도덕성에 관해 언급할 때, 항상 학습 받은 행위와 연관되는 것이었다. 이는 스미스의 스승이었던 허치슨의 입장과 분명하게 다르다. 허치슨의 도덕감각은 교육에 선행하는 것으로, 인간본성에 내재해 있다.

물론 인간은 한편으로는 마음속 공정한 관찰자의 판단에 따르고자 하면서도, 또 다른 한편으로는 그 목소리를 무시하려고도 한다. 언제나 구체적인 삶의 상황 속에 내던져지는 인간에게 마음속 공정한 관찰자와의 조우나 소통이 사실 쉽지는 않을 것이다. 스미스도 항상 지적했듯이, 인간본성의 이기적이고 본원적인 열정이나 나약함으로 인해 인간은 지극히 사소한 자기 이해관계를 타인의 최대 관심사보다도 더 중요하게 느낀다. 그래서 스미스에게 이런 류의 당파적인 인간이란,

"만약에 내일 자신의 새끼손가락을 잃는다면 오늘밤 잠들지 못하는 인간이다. 그러나 일억 명 이웃 형제들의 파멸이 예상된다 할지라도, 자신이 직접 맞닥뜨리지 않는 상황이라면, 오늘밤 깊은 안도감 속에 코를 골며 잘 인간이기도 하다."(3부, 3장)

당파적인 인간에게 중요한 관심사는 자신의 비운이지 이웃 형제들의 파멸이 아니다(물론 자기 새끼손가락을 지키기 위해 일억의 생명을 희생시킨다는 의미가 아니다). 그리고 스미스는 나와 타인 사이에서 발생

하는 대립적인 이해관계를 정당하게 비교하려 할 때, 제3자의 관점에서의 고찰이 필요하다고 주장한다. 이는 곧 이해 당사자들 사이에서 공정하고 중립적으로 판단하는 사람인 공정한 관찰자의 존재를 의미하며, 이때 그의 관점에 담겨 있는 가장 중요한 요소가 바로 양심이라는 도덕감정이다. 부언하자면 양심은 자기 내면과의 성찰적 소통을 의미한다.

그렇다면 공정한 관찰자와의 소통, 즉 자기 내면의 대화는 어떠한 과정을 통해 이뤄질까?

인간은 공정한 관찰자의 감정과 의지에 자신을 맞추고자 노력함으로써 어떤 균형 상태, 즉 적정성에 대한 관념을 발전시킨다. 이는 인간의 행동을 인도하는 일련의 관습적이고 습관적인 태도들로서, 어떻게 행동해야 하고, 받아들일 수 있는 행동은 어떤 것인가 대한 관념을 불러일으킨다. 이후 습관적인 관습들은 개인과 집단의 상호작용, 즉 사회화 과정을 통해 집단 내에 널리 유포된다. 이런 맥락에서 스미스는 사회를 하나의 '거울'로 간주한다.

"인간이라는 피조물이 자기 종족과 어떤 교류도 없이 고립된 장소에서 성인으로 성장하는 것이 가능하다면, 그는 자기 얼굴의 아름다움과 추함과 마찬가지로, 자기 성격과 다양한 감정, 행동의 적합성과 부적합성 그리고 자기 마음의 아름다움과 추함에 대해서도 생각할 수 없을 것이다. (…) 이 사람을 일단 사회 속으로 데리고 오면, 그는 이전에 가지고 싶어 했던 거울을 제공받게 된다. (…) 그가 처음으로 자신의 여러 가지 열정들의 적합성과 부적합성 그리고 마음

의 아름다움과 추함을 인식하는 곳이 바로 여기다."(3부, 1장)

거울은 타인을 통해 자신을 반추함으로써 자기 내면으로 진입할 수 있게 해주는 도구다. 스미스에 따르면, 자연이 인간에게 처벌보다 더 직접적인 것으로 부여해준 것이 바로 거울로 비유되는, 자기 비판과 자기성찰이다.

성찰이 가능한 인간만이 타인의 행동뿐만 아니라 자기 자신의 행동에 대해서도 공정한 관찰자가 될 수 있다. 이는 곧 인간이 스스로를 행위자와 판단자로 나눈다는 의미이기도 하다.

"내가 스스로의 행동을 인정하거나 부인하기 위해 그것을 관찰하거나 그에 대한 판결을 내리려 할 때, (…) 나는 내 자신을 분명히 두 사람으로 구분한다. (…) 전자는 관찰자다. 그 자리에 스스로를 놓고 (…) 어떻게 보이는가를 생각함으로써 행동에 대한 그의 감정에 스스로 동정하려 노력하는 존재이다. 후자는 행위자다. (…) 관찰자의 특징을 빌려 그의 행동에 어떤 의견을 형성하려고 노력하는 존재이다."(3부, 1장)

관찰자의 입장에 있든 행위자의 입장에 있든, 본질적인 것은 공정한 관찰자가 존재한다는 사실이다. 그는 행위의 적정성에 대한 감각과 양심을 가진 존재이다. 그런 그가 존재하기에 인간이 자기애나 이기심에 함몰되는 것을 막을 수 있다. 예컨대 한 개인이 자기 이익만을 위해 타인에게 상해를 입히거나 그의 권한을 침해할 정도로 자신만을 우선시해서는 안 된다는 것이 마음속 공정한 관찰자가 부르짖는 양심의 소리다.

양심은 단지 이웃에 대한 소박한 사랑이나 연민에만 기초하고 있는 게 아니다. 명예롭고 고귀한 것, 성품의 숭고함과 존엄함 그리고 탁월함에 대한 사랑 등 양심이 기초를 둔 인류애적 감정의 토대는 그 층이 두텁다. 스미스가 스토아학파의 입장에 따라 인간을 세계시민이자 자연이라는 광대한 공동체의 일원으로 간주해야 한다고 생각하는 까닭이 여기에 있다. 양심은 타인과 소통의 세계를 열어 고립된 강박을 해제시키며, 개인의 비열한 욕구를 자제시킴으로써 타인에게 위해를 가하는 일이 없도록 해준다.

이런 맥락에서 스미스는 "가장 확고한 표정과 태도를 견지하고, (…) 처지의 변화가 어떤 부끄러움도 만들어내지 않으며, (…) 자기 신분을 재산이 아니라 성격과 행동에 두는 사람들"(3부, 3장)에게 최고의 찬사가 주어진다고 설명한다. 이런 사람들이야말로 '가슴속의 이상적 인간'인 양심에 따라 거리낌이 없이 행동할 수 있다. 요컨대 마음의 평온을 향유하며 참 행복을 누릴 수 있는 사람들인 것이다.

관습은 인간의 도덕감정에
어떠한 영향을 미치는가

스미스는『도덕감정론』5부 2장에서 관습[50]과 유행이 도덕감정에 미치는 영향에 대해 다룬다. 그는 먼저 관습의 사회적 기능에 대해 다음과 같이 설명한다.

> "두 대상물의 결합에 자연적 적정성이 존재할 때, 관습은 이 결합에 대한 우리의 감각을 한층 증대시키지만, 반대로 통상적인 경우와 다른 배열은 훨씬 더 불쾌하게 만든다. 사물을 품위 있게 바라보는 데 익숙해진 사람들은 서투르고 어색한 것에 대해 더 혐오감을 느낀다. 대상의 결합이 부적정할 때, 관습은 부적정성에 대한 우리의 감각을 감소시키거나 완전히 제거해버린다. 단정치 못한 무질서에 익숙해진 사람들은 청결함이나 우아함에 대한 모든 감각을 상실한다."(5부, 1장)

관습은 인간의 감각과 특정한 행위 모델들을 익숙하게 만듦으로써 사회의 습관, 즉 도덕적 가치체계를 형성시킨다. 스미스 당대의 스코틀랜드 계몽주의의 맥락에서 보자면, 관습은 인간을 환경에 익숙하게 하면서 그들의 행동을 인도하는 것이었다. 여기에 덧붙여 유행은 관습과 다르면서도 사실상 어느 정도까지는 관습의 특수한 경우라고 스미스는 생각했다.

스미스는 관습과 유행이 도덕감정들에 미치는 영향이 크다고 생각지는 않았지만, 그 영향력만큼은 인정했다. 관습과 유행이 옳고 그름에 관한 자연적 원리들과 일치하는 경우, 인간감정의 섬세함을 고양시키고, 해악에 가까운 모든 것들에 대한 혐오감을 증대시키는 역할을 한다는 것이다.

예를 들어, 정의, 겸허함, 인간애 그리고 좋은 질서 속에서 생활한 사람들은 이러한 덕성들이 요구하는 규칙에 위배된다고 생각되는 모든 것들에 더욱 강한 충격을 받는다. 하지만 폭력과 방종 그리고 허위와 부정의 분위기 속에서 교육받은 사람들은 이런 행위들에 대한 부적정성의 감각을 모두 상실하지는 않는다 하더라도, 불쾌한 잔학성에 대한 감각이나 이 행위들이 마땅히 치러야 할 복수와 형벌에 대한 감각을 잃어버린다. 이것이 바로 관습의 폐단이다. 반복되는 바람직하지 않은 환경 속에서 자기 행위가 지니는 도덕적 적정성과 부적정성에 대한 감각을 잃어버리는 것이다. 이렇게 관습이 인간의 도덕감정에 영향을 미친다는 점은 분명하다.

하지만 우리가 관습에 따라 각자의 신분과 직업에 적용하고 있는 고유한 성격, 예절 그리고 풍습들이 때로는 관습과는 상관없이 적정성을 가지는 경우가 있다. 만약 각기 다른 생활 상태에 처해 있는 사람들에게 영향을 미치는 여러 가지 상이한 사정들을 모두 고려한다면, 이 고유한 성격, 예절 그리고 풍습들은 그 자체로 당연히 인정해야만 하는 것들이다.

즉, 한 인간의 행위의 적정성은 그의 처지 가운데 어느 한 경우에 대한 행위의 적정성에 달려 있는 것이 아니라, 그의 처지를 우리 자신의 것처럼 진지하게 고려할 때, 우리가 느끼기에 자연스럽게 그의 관심을 끌 수밖에 없는 모든 여건에 대한 적정성에 달려 있다. 이런 측면에서 만약 그가 모든 여건 가운데 단지 하나의 상황에만 집착한 결과 다른 상황들을 모두 무시해버린다면, 그의 행동은 완전히 공감할 수 없는 행위로 간주됨과 동시에 부인되기까지도 한다.

예컨대 평범한 부모가 사생활 가운데 외아들을 잃어, 엄청난 슬픔과 나약함을 표출한다고 하자. 누가 그를 비난하겠는가? 하지만 선봉에서 군대를 지휘하면서 자기 주의력의 대부분을 영예와 공공의 안전에 써야 할 군 지휘관 같은 정도의 슬픔과 나약함에 빠져 있다면, 아마 그의 행동은 쉬이 용납되지 않을 것이다. 존경해야 할 어떤 계층의 사람에게서 익숙하게 보아 왔던 처신은 그 계층과 밀접한 연관을 맺고 있다. 그런즉 만약 그 계층으로부터 기대했던 것을 획득하지 못할 때, 상실감이 동반되는 것은 당연한 일이다.

서로 다른 시대와 국가의 서로 상이한 상황들도 그 시간 및 그 공간에서 생활하는 대다수의 사람들에게 각기 서로 다른 성격을 부여한다. 그 결과 비난받을 만한 성격이나 칭찬받을 만한 성격의 정도에 관한 감정들도 그들 자신의 국가와 시대에 따라 각기 다르다.

다시 말해,

"일반적으로 모든 시대와 국가마다 사람들 사이에서 존경받고 있는 이들로부터 발견되는 각 자질의 정도를 그 특정한 재능이나 덕성의 황금률로 간주한다. 서로 다른 환경이 서로 다른 성격들을 어떤 식으로 습관화시키는가에 따라 이 황금률이 변화하기 때문에, 성격과 행위의 정확한 적정성에 관한 감정도 이에 따라 변화한다."(5부, 2장)

이러한 맥락에서 스미스는 문명화된 국민과 미개하고 야만적인 국민들을 구분해 관습이 도덕감정에 미치는 영향을 설명한다. 그에 따르면, 문명화된 국민들 사이에서는 인간애에 기초한 덕성들이 자기부정과 열정의 통제에 기초한 덕성들보다 더 잘 육성되고, 이와 반대로 미개하고 야만적인 국민들 사이에서는 자기부정의 덕성들이 인간애의 덕성들보다 더 잘 육성된다.

모든 야만인들은 자신이 처한 상황의 필요에 의해 모든 종류의 고난에 익숙해져 있으며, 또한 지속적인 위험에도 노출되어 있다. 이들을 에워싸고 있는 상황은 고난이 초래할 수도 있는 열정에 그들이 굴복하지 않도록 가르친다. 고난에 나약함을 보인다고 해서 이들이 자기 동료들로부터 공감이나 관용을 얻어낼 수 있는 건 아니다. 스미스는 그 이유에 대해 이렇게 생각한다.

"타인에 관해 많은 것을 느낄 수 있기 위해서는 우선 자신이 어느 정도 편안해야 한다. 만약 스스로의 비참함이 자신을 심하게 궁지로 몰고 간다면, 우리는 이웃의 비참함에 관심을 가질 여유가 없다. 모든 미개인들은 자기 결핍과 필요가 너무나 절박하기에 타인의 결핍과 필요에 많은 관심을 가질 수 없다."(5부, 2장)

미개인의 관습은 그들을 에워싸고 있는 환경 탓에 타인의 공감을 기대할 수 없다. 그래서 그들은 자신의 나약함이 타인에게 노출되는 것을 혐오한다. 그들이 절박하고 긴박한 상황 속에서 홀로 살아남는 습관을 몸소 체득한 것은 당연했다. 사랑에 약하다는 것은 인간애와 정중함이 존중되는 시대에나 관대하게 다루어진다. 그러나 미개인들은 그것을 가장 용서할 수 없는 나약함으로 여긴다. 미개인은 전쟁포로가 되어 사형을 선고받을 때에도 그 어떤 감정도 드러내지 않는다. 선고만 묵묵히 듣고 있을 뿐이다. 자신을 한탄하지도 않는다. 그가 드러내는 감정은 오로지 적들에 대한 경멸뿐이다.

이와는 대조적으로 문명화된 사회생활에 익숙한 사람들은 모든 미개인들이 지니는, 영웅적이며 강인한 정신을 요구받지 않는다. 타인들의 열정에 대해 더 많은 감수성을 지닌, 인간적이고 세련된 사람들은 활기차고 열정적인 행동에 보다 쉽게 공감하며, 약간 지나친 행동에도 더 쉽게 공감할 수 있다. 그들은 자신을 재판하는 사람들의 공정함을 확신하기에 더욱 강렬하게 자신의 열정을 표출한다. 또한 그들은 자기감정의 격렬함이 동료들의 경멸에 노출되는 것을 별로 두려워하지 않는다.

문명인과 야만인의 차이에 대한 스미스의 잠정적인 결론은 다음과 같다.

"문명화된 국민들 사이에서의 예법은 야만인들 사이에서 인정되고 있는 것보다 더 발랄한 행동을 용인한다. 문명인은 친구들의 개방성과 서로 대화하는 반면에, 야만인은 서로 알지 못하는 사람들의 침묵과 대화한다."(5부, 2장)

스미스가 생각하기에 문명인은 인간본성의 움직임에 일정 정도 굴복하는 데 익숙해져 있는 까닭에 솔직하고 개방적이며 성실한 반면, 야만인은 다양한 열정들의 표출을 억제하거나 은폐하도록 강요받기 때문에 필연적으로 거짓과 위선의 습관들을 획득한다. 이런 점에서 미개인의 열정은 결코 외면적인 감정으로 표출되지는 않는다.

하지만 이 감정은 가슴속에서 격렬하게 꿈틀거린다. 그래서 만약 복수심 표출이 허용된다면, 미개인의 감정은 무시무시하고 가공할 만한 것이 된다. 이에 반해 문명화된 국민들의 열정들은 일반적으로 격렬하지 않다. 이들은 자기 열정을 관찰자에게 확신시키고, 공감과 인정을 얻으려는 경우가 많다. 야만인들에게 요구되는 준엄성은 그들의 인간애를 감소시키고, 문명화된 국민들에게 요구되는 섬세한 감수성은 때때로 과격함을 누그러뜨리기도 한다. 즉, 국민들 사이에서 나타나는 관습의 형태는 총체적으로 그 국민이 처한 상황에 가장 잘 어울린다고 할 수 있다. 그래서 준엄성은 야만인들에게, 감수성은 문명화된 사람들에 가장 적합한 것이다.

덕성은
어디에 있는가

스미스는 『도덕감정론』의 7부에서 '도덕철학의 체계들에 관해'라는 제목으로 도덕철학에서 검토돼야 할 문제들을 논의하고 있다. 도덕철학에서 사실상 가장 중요한 문제는 포괄적 의미에서 인간의 덕성에 관한 것이라고 할 수 있다. 스미스는 도덕의 원리를 논의할 때, 다음의 두 가지 문제를 반드시 검토해야 한다고 주장한다.

첫 번째는 덕성이 어디에 있는가의 문제이다. 예컨대 칭찬받을 만한 행위의 자연적 대상이 되는 성격을 구성하는 심성과 그 행동방침은 무엇인가 하는 문제이다. 두 번째는 마음이 어떻게, 어떤 방식으로 특정한 행동방침보다 다른 행동방침을 더 좋아하고, 어떤 행동은 옳은 반면 다른 행동은 그르며, 어떤 행동방침은 인정의 자연적 대상인 반면 다른 행동방침은 비난이나 처벌의 대상으로 간주되는가 하는 문제이다.

첫 번째 문제에 대해 스미스는 세 가지 관점에서 논의한다. 먼저 덕성이 '행위의 적정성'에 있다고 보는 관점이다. 이 견해에 따르면, 덕성은 모든 감정에 대한 적정한 지배와 관리에 있다. 이는 추구하는 대상에 따라, 그리고 이 대상들을 추구하는 열정의 정도에 따라, 덕성과 악덕으로 구분된다. 두 번째 관점은 덕성이 '신중함'에 있다고 본다. 이 견해에 따르면, 덕성은 사적인 이익과 행복만을 추구하는 이기적 열정들을 적정하게 통제하고 관리함에 있다. 세 번째 관점은 덕성이 자기 행복이 아니라 타인의 행복을 추구하는 감정에만 있다고 보고, 그 존재를 '자혜'에서 찾는다.

이제 차례로 이 세 가지 관점들에 관해 살펴보기로 하자.

덕성이 행위의 적정성에 있는 도덕철학체계

| 이성, 지배적 원리 |

스미스는 덕성이 행위의 적정성에 있다는 보는 도덕철학체계를 대변하는 인물로 플라톤, 아리스토텔레스 그리고 제논을 꼽는다. 그는 먼저 플라톤의 도덕철학체계에 관해 설명한다.

플라톤의 도덕철학에서 영혼은 세 가지 다른 능력이나 심적 상태로 구성되는 공화국과 같은 것으로 간주된다. 영혼의 첫 번째 능력은 판단능력이다.

"이 능력은 어떤 목적을 달성하기 위해 적정한 수단이 무엇인지 결

정해줄 뿐만 아니라, 어떤 목적이 추구하기에 적합한지, 그리고 각
각의 목적에 어느 정도의 상대적 가치를 부여해야 하는지 결정해준
다."(7부, 2편, 1장)

이 능력이 바로 이성이다. 이성은 참과 거짓을 가려내고, 욕망과
감정의 적정성과 부적정성을 판단해낼 수 있는, 하나의 지배적 원리
로 기능한다.

또한 플라톤은 이성에 예속되기는 하지만, 이에 반항하려는 열
정과 욕망을 서로 다른 두 부류로 구분한다. 그 첫 번째가 자만과 분
노로서, 스콜라철학자들이 영혼의 격앙된 부분으로 칭했던 것에 기
초를 둔 열정들로 구성된다. 야심, 적개심, 명예욕, 수치심에 대한 두
려움, 승부욕, 우월감, 복수심 등이 이에 속한다. 그 두 번째는 쾌락
욕구로서, 스콜라철학자들이 영혼의 호색적 부분이라고 칭했던 것
에 기초를 둔 열정들로 구성된다. 모든 육욕, 안일함과 안정에 대한
욕구, 그리고 모든 성적인 만족감에 대한 욕구 등이 이에 속한다.

인간은 이 두 종류의 열정에 탐닉해 잘못된 길로 들어설 수도 있
지만, 사실 이 열정은 인간에게 본질적이며 필수적인 것이다. 첫 번
째 열정들은 인간을 "상해로부터 보호하고, 세상에서 사회적 지위와
품위를 옹호해주고" 또한 "고상한 것이나 명예로운 것을 지향하거
나 고상하고 명예롭게 행동하는 사람들을 구분할 수 있도록" 해준
다. 특히 이 열정들은 이성의 지시를 따르는 한에서 용기와 관대함
의 덕성을 구성한다. 두 번째 열정들은 "신체를 양육하고, 필수품들
을 제공하는" 데 그 목적이 있다.

이렇게 인간본성의 서로 다른 세 가지 부분들—이성과 두 부류의 열정들—이 완전하게 조화를 이룰 때, 행복한 마음의 평정과 영혼의 완전무결한 조화는 절제[51]라는 덕성을 구성하게 된다.

| 정의 |

플라톤의 도덕철학체계에 따르면, 네 가지 기본적 덕성들[52]이 존재한다. 스미스는 그 중에서 가장 위대한 덕성을 정의라고 본다. 이 덕성은 어떻게 실현되는 것일까?

> "이성은 지시하고 열정들이 이에 복종하는 경우에, 그리고 열정들이 각자 적정한 임무를 수행하고, 적정한 목표를 향해 쉽게, 싫증내지 않으며, 추구하는 대상의 가치에 적합한 힘과 정력을 다해 노력하는 경우에, 정의는 실현된다."(7부, 2편, 1장)

이후 스미스는 정의에 관한 논의를 본격화한다. 먼저 그는 정의에 대해 "이웃에게 그 어떤 실제적인 피해도 주지 않으며, 그의 인격, 재산 그리고 명예 역시 손상시키지 않는 행위"라고 적는다. 오늘날 스미스의 정의 개념에 관해 논할 때, 주로 언급되는 개념이다. 이 개념이 국가의 역할과 관련될 때, 이른바 '소극적' 혹은 '최소' 국가론이 등장하게 되는 것이다. 이 입장에서 보면, 국가는 단지 개인의 생명과 재산 그리고 자유를 보장하는 의무만을 지닌다.

또한 스미스는 우리가 이웃의 성격과 상황 그리고 그와의 관계에서 볼 때, 그 이웃에 대해 애정과 존경을 느끼는 것이 적정함에도 불구하고 그를 행하지 않는다면, 정의롭게 대하지 않은 것이라 정리한다. 이것이 그의 두 번째 정의 개념에 해당한다.

이 정의 개념이 성립하는 여러 상황들을 떠올려보자. 예컨대 어떤 사람이 병을 앓고 있는데도 치료비가 없을 때, 누군가 건전한 사회인으로 활동하기 위해 교육을 받아야 하는 상황인데도 교육비가 없을 때, 무엇보다 육체적 안락을 위해 주거공간이 필요한데도 이를 확보할 능력이 없을 때, 건강한 육체와 정신을 가진 사람이 자기 생활을 영위하기 위해 일자리가 필요한데도 그렇지 못할 때 등 여러 경우이다. 이 모든 상황들은 그저 우리 이웃이 간단히 해결해줄 수 있는 성격의 것들이 아니다. 바로 이때 필요한 것이 이웃에 대한 애정과 존경 그리고 존중으로 전체 사회구성원들의 복지를 적극적으로 실천해야 하는 국가의 역할이다.

정리하자면, 스미스는 정의를 두 가지 관점에서 바라보고 있다. 첫 번째가 아리스토텔레스와 스콜라철학자들의 '교환적 정의'의 맥락이며, 또 하나가 '분배적 정의'의 맥락이다. 전자의 정의가 타인의 것에 손대지 않고, 스스로 행하도록 적정하게 강제될 수 있는 것은 무엇이든 자발적으로 행하는 데 그 의의가 있는 것이라면, 후자의 정의는 적정한 자혜심 속에 우리가 가진 것을 적정하게 이용하는 것으로서, 적용되는 것이 가장 적합한 대상에게 자선이나 관대함의 목적으로 적용시키는 데 그 의의가 있다. 후자의 정의는 타인에 대한 배려를 포함해, 신중함과 용기 그리고 절제 등과 같은 모든 사회적 덕성들까지 포괄하는 것이다.

아리스토텔레스는 『니코마코스 윤리학』에서 "덕성은 선택과 연관된 마음의 상태나 품성이다. 그것은 이성에 의해 결정된 어떤 중간으로 구성된다"고 했다. 스미스는 이런 그의 덕성 개념을 "올바른 이성에 따르는 중용의 습관"으로 정의했으니, 요컨대 아리스토텔레스의 덕성은 중용에 있다.

아리스토텔레스에 따르면, 모든 특정한 덕성은 두 개의 서로 반대되는 악덕 사이에 놓여 있다. 그리고 두 악덕 가운데 하나는 특정한 대상들로부터 지나치게 많은 영향을 받는 반면, 또 다른 하나는 지나치게 적은 영향을 받는다. 예컨대 용기나 담력은 그 반대의 악덕인 비겁함과 염치없는 경솔함의 중간에 위치하는 덕성이다. 경솔함은 공포의 대상에 너무 적은 영향을 받는 반면, 비겁함은 공포의 대상에 너무 많이 영향을 받은 악덕이다. 또 다른 예로 절약이라는 덕성은 탐욕과 낭비 사이의 중간에 놓여 있다. 탐욕은 이기심이라는 대상에 지나치게 많은 관심을 가지는 반면, 낭비는 이기심이라는 대상에 대해 적정한 관심의 결핍 상태에 있다.

또한 아리스토텔레스의 덕성은 한편으로는 어떤 행위의 특성으로, 다른 한편으로는 어떤 인물의 특성으로 간주될 수 있다. 행위의 특성으로 간주될 경우, 덕성은 행위의 전제가 되는 감정의 이성적 절제를 뜻하며, 이때 그 특성이 그 사람에게 습관적인지 아닌지는 상관이 없다. 그러나 덕성이 어떤 인물의 특성, 즉 인품으로 간주될 경우, 그것은 이성적인 절제의 습관이 된다. 스미스는 이렇게 말한다.

플라톤과 아리스토텔레스의 덕성

플라톤은『국가』에서 지혜, 용기, 절제 그리고 정의의 네 가지 덕성을 언급하면서, 이 중 정의가 으뜸이라고 말한다. 그에게 덕성은 정확한 지식(일종의 과학)을 통해 달성되는 이성과 감정의 조화에 육박한다. 아리스토텔레스는『니코마코스 윤리학』에서 중용을 중요한 덕성으로 꼽는다. 이는 실제와 습관 그리고 실천을 통해 달성되는 것으로 과학과 차원이 달랐다. 라파엘로의 프레스코화《아테네학당》(1509)에서 각각 하늘과 땅을 향해 손을 가리키고 있는 것처럼, 그 두 철학자의 덕성에 관한 관념은 상반됐다.

> "어떤 인물을 관대하고 자비롭다고 말할 때나 어떤 인물이 덕성스
> 럽다고 말할 때, 이런 말들로 표현된 성격은 그 인물의 일상적이고
> 관습적인 기질을 의미한다."(7부, 2편, 1장)

아리스토텔레스가 덕성이 실제적인 습관에 있다고 말할 때, 그
의 맥락은 플라톤의 덕성과 상반된다고 할 수 있다. 플라톤은 해야
만 하거나 피해야만 하는 것에 관한 정당한 감정과 이성적 판단만으
로 가장 완전한 덕성을 구성하기에 충분하다는 견해를 표명했다. 그
에게 덕성은 일종의 과학(정확한 지식)일 수도 있는 셈이다. 반면 아
리스토텔레스는 오성의 그 어떤 확신도 뿌리 깊은 습관을 이겨낼 수
없다고 생각했다. 그는 훌륭한 도덕은 앎이 아니라 실천에서 나온다
고 생각했다. 이러한 의미에서 그의 덕성은 과학이 아니었다.

| 스토아철학의 덕성 |

다음으로 스토아철학의 덕성에 관해 살펴보자. 이 철학의 창시자
인 제논은 "모든 동물은 본성적으로 자신을 돌보는 일에 관심을 가
지도록 만들어졌으며, 가장 완전한 상태를 유지하기 위해 자기애의
원리를 부여받았다"(7부, 2편, 1장)고 말한다. 스미스는 스토아철학의
자기애를 이렇게 정의한다.

> "인간의 자기애는 (…) 자기 육체와 그의 모든 구성요소들, 정신과 그
> 의 다양한 기능과 역량들을 포함한다. 그리하여 그것들을 최선의, 가
> 장 완전한 조건 속에서 보존하고 유지하기를 바란다."(7부, 2편, 1장)

스토아철학에서 자연은 인간에게 이러한 최선의 존재 상태(에 대한 적정성 여부)를 두고 선택과 거부를 지시한다. 최선의 존재 상태를 유지시키는 것에 대해서는 선택을, 그 상태를 파괴하는 것에 대해서는 거부를 알려주는 것이다.

예컨대 건강, 체력, 민첩함, 신체의 안락과 이런 것들을 증진시켜 줄 부와 권력, 명예 그리고 우리와 함께 살아가는 사람들에 대한 존경심 등을 가지는 것은 가지지 못하는 것보다 바람직하다고 알려준다. 반면에 질병, 허약함, 무력감, 육체의 고통과 이런 것들을 발생시키는 가난, 권위의 결핍, 우리와 함께 살아가는 사람들에 대한 경멸이나 증오심 등에 대해서는 바람직하지 않다고 알려준다.

흥미로운 점은 바람직한 것 내에서나 피해야 할 것 내에서 우선순위가 존재한다는 것이다. 건강은 체력보다 더 바람직한 대상이고, 체력은 민첩성보다 더 선택할 만한 것이다. 명예는 권력보다, 권력은 재산보다 더 바람직한 대상이다. 또한 질병은 육체의 무력감보다 더 피해야 할 대상이며, 불명예는 가난보다, 가난은 권위의 상실보다 더 피해야 할 대상이다.

그리하여 스토아철학은 덕성을 행위의 완전한 정확성에 있다고 본다. 바람직한 대상과 피해야 할 대상을 정당성과 정확성이라는 분별력으로써 선택하거나 거부하고, 동시에 이 대상들의 자연적 서열에 따라 적정한 관심을 부여함으로써 덕성을 실현할 수 있다는 것이다. 이러한 점에서 스미스는 덕성에 관한 스토아학파의 생각은 아리스토텔레스나 고대 소요학파의 그것과 큰 차이가 없다고 본다.

스토아철학에서 말하는 지혜로운 사람에게 행복은 우주라는 거대한 체계의 행복과 완전성에 관해, 신과 인간의 위대한 공화국의 훌륭한 통치에 관해, 합리적이고 분별 있는 모든 존재에 관해 사색함으로부터 비롯된다. 그에게 중요한 것은 행위의 적정성과 부적정성이지, 이것의 성공과 실패는 별로 중요하지 않다.

스미스는 지혜로운 사람의 감정은 크게 두 가지로 수렴된다고 본다. 자신에 대한 의무감에서 해방되려는 감정과 가능한 한 합리적이고 분별력 있는 모든 존재들의 최대의 행복을 추구하려는 감정이다. 그는 전자의 감정을 충족시키는 데 특별한 우려를 드러낸다. 일 자체보다는 자기 노력의 적정성과 관련된 사안이기 때문이다.

또한 스미스는, 스토아철학에서는 인간의 삶을 대단한 숙련이 필요한 일종의 게임으로 여기는 듯하다고 생각한다. 즐거움과 행복이 이 게임을 훌륭하고 공정하게 치름으로써 확보된다. 예컨대 공정한 규칙 속에서 이에 위반됨 없이 최선을 다해 경기가 치러진다면, 누군가에게는 패배가 안겨진다 할지라도, 이는 걱정거리가 아닌 즐거운 일이 된다는 것이다.

하지만 현실 속 인간의 삶은 행위의 공정성이 분명하게 확보되는 상황보다 가부의 평가가 저울질되는 선택적 상황일 때가 더 많은 게 사실이다. 그렇다면 적정성 논의가 핵심인 스토아철학에서 선택적 문제들에 대해 어떤 조언을 해주고 있을까? 스토아학파에 따르면, 인간의 삶 그 자체도 상황의 차이에 따라 선택이나 거부의 적정한 대상이 될 수도 있다. 부언 설명을 하자면 이렇다.

우리 현실에서 본성에 대립적인 상황보다 이에 맞는 상황이 더 많다면, 즉 선택의 대상이 거부의 대상보다 더 많은 상황이라면, 인생은 일반적으로 선택의 적정한 대상이 된다. 그러면 인간은 행동의 적정성이 요구하는 것에 머물게 된다. (…) 하지만 다른 한편으로 본성에 맞기보다 이에 대립되는 상황이 더 많다면, (…) 삶 그 자체는 지혜로운 사람에게 거부의 대상이 되며, 그는 자유롭게 삶에서 벗어나게 된다. 뿐만 아니라 자기 행동을 조종하기 위해 신들이 그에게 준 규칙인 행동의 적정성도 그에게 그렇게 할 것을 요구한다."(7부, 2편, 1장)

여기에 신들이 인간에게 부여해준 규칙인 행동의 적정성과 관련해, 스미스는 후기 스토아철학자 중 한 명인 에픽테투스 Epictetos(55?~135?)의 다음과 같은 말을 인용한다.

네 상황이 전체적으로 마음에 들지 않는다면, 네 집에서 견딜 수 없을 만큼 연기가 많이 난다면, 모든 수단들을 동원해서 밖으로 나가라. 불평하지 말고 투덜대지 않으면서 밖으로 나가라. 조용하게 만족해하면서 즐겁게 신들에게 감사하면서 밖으로 나가라. 신들은 무한한 박애심으로 조용하고 안전한 죽음의 항구를 열어 놓고, 인간의 삶이라는 거친 대양에서 언제라도 우리를 받아들일 준비가 돼 있다. 그들은 신성하며 불가침인 거대한 피난처를 준비해놓았다. 그것은 항상 열려 있어서 언제나 그곳에 다가갈 수 있다."(7부, 2편, 1장)

이 피난처는 인간의 분노와 불의가 존재하지 않으며, 불평의 구실도, 어떤 악도 존재하지 않는 장소이다. 방금 인용한 문장들을 놓고 볼 때, 스토아학파가 죽음의 문제를 대수롭지 않게 여기고 있다는 의구심도 들 법하다. 예컨대 삶에 대해 절망하거나 불안에 빠질 경우, 세상과 이별하는 것만이 행동의 적정성을 가지는 것처럼 생각하게 만드는 점이다. 하지만 스미스의 입장은 이와 반대다.

스토아학파에 있어서 삶의 포기와 유지의 문제는 "가장 진지하고 중요한 심사숙고의 문제"라고 그는 주장한다. 그래서 초월적인 힘의 명확한 명령이 있기 전까지 인간은 자신의 삶을 포기해서는 안 된다. 자살과 관련해서 스미스는 이렇게 생각한다.

> "건전하고 건강한 상태에서 자연[53]은 우리에게 자살하도록 결코 독촉하지 않는다. 물론 일종의 우울증이 존재하는데, 이 우울증은 불행들 가운데서도 인간본성이 불행하게도 예속당하는 하나의 질병이다. 이 질병은 (…) 자기파괴라는 저항할 수 없는 욕망을 동반하는 것처럼 보인다."(7부, 2편, 1장)

요컨대 인간이 자기고통을 스스로 방어하지 못할 경우라 할지라도, 어떤 자연의 원리도, 어떤 가상의 공정한 관찰자의 인정이나 가슴속 인간의 판단에 대한 고려도 인간에게 죽음으로써 그 고통에서 탈출할 것을 요구하지는 않는다는 것이다. 죽음으로 몰고 가는 것은 단지 인간 자신의 나약함과 그 자신이 고통을 이겨낼 만한 능력이 없다는 점에 대한 자각일 뿐이다.

스미스는 스토아학파 도덕철학의 전체 구조물이 의존하고 있는 두 가지 근본적인 교의를 삶과 죽음에 대한 경멸과 신의 섭리에 대한 완전한 복종, 즉 인간사라는 조류에서 부닥칠 수 있는 모든 결과에 대한 완전한 만족으로 보고 있다.

| 자연 |

스토아학파에게 삶과 죽음이 대수로운 일이 아니듯, 이른바 위대한 행동이라는 것도 사소한 행동보다 더 큰 노력을 필요로 하지 않으며, 동등하게 쉬운 일이고, 정확하게 동일한 원리에서 비롯된다. 또한 위대한 행동이 사소한 행동보다 더 가치가 있는 일도, 그래서 더 큰 칭찬과 감탄을 받을 만한 일도 아니다. 비유하건대, 스토아학파의 생각은 이렇다.

> "진리는 다른 진리보다 더 진실일 수 없고, 하나의 거짓은 더 거짓일 수 없는 것과 마찬가지로, 하나의 명예로운 행위는 더 명예로운 행동일 수 없고, 하나의 부끄러운 행동은 다른 부끄러운 행동보다 더 부끄러울 수 없다."(7부, 2편, 1장)

이것이 스토아학파에서 말하는 '완전한 무감각(냉담)', 즉 부동심에 관한 관념이다. 부동심은 더하고 덜함에 차이를 두지 않는다. 모든 것이 하나로 수렴되는 감각이다. 이런 관념을 바탕으로 한, 편파적이고 이기적인 열정을 억제하지 못하는 사람들은 "자유와 독립의 공기를 마실 수 없고, 지혜로운 사람이 누리는 안정과 행복을 누릴 수 없다." 스미스는 스토아철학에 대해 이렇게 비판한다.

"자연에 의해 우리 자신이 관리하고 조종할 수 있는 조그마한 부문(의무 영역)에 직접적인 영향을 미치고, 우리 자신, 우리 친구 그리고 조국에 직접적인 영향을 미치는 사건들은 바로 우리가 가장 많은 관심을 가지고, 욕망과 증오, 희망과 공포 그리고 즐거움과 슬픔을 자아내는 것들이다. 이러한 열정들이 지나치게 격렬해진다면, (…) 자연은 적정한 치료법과 교정법을 제공해준다. 현실의 공정한 관찰자나 가상의 공정한 관찰자의 존재, 즉 가슴속 인간의 권위는 항상 즉각적으로 이 열정들을 위압해 적정한 상태와 중용의 상태로 되돌아오게 한다."(7부, 2편, 1장)

자연은 과함이나 부족함을 균형 상태로 되돌리는 능력을 가지고 있다. 인간이 관리하고 통제하는 곳에 영향을 미치는 사건들이 불행하고 비참한 결과를 초래할 때도, 자연은 그 결과를 그대로 방치해두지 않는다. 자연이 지닌 자혜로운 지혜가 발동하는 것이다. 이 지혜의 작동으로 일상의 모든 일들은 조종된다. 예컨대 불행이 전체의 선을 위해 반드시 필요한 경우가 아니라면, 자연은 그것이 일어나도록 그대로 두지 않는다.

하지만 이러한 스토아학파의 입장과 달리, 스미스는 자연이 이 숭고한 성찰을 삶의 커다란 사업과 임무로서 인간에게 지정해준 것은 아니라고 생각한다. 자연은 단지 인간의 불행에 대한 위안으로써 이를 지적해주었을 뿐이다. 그리하여 스토아철학에 대한 스미스의 비판은 또 다시 타인에 대한 공감이나 비난의 감정조차 허용치 않는, 이 철학의 '완전한 무감각'으로 이어진다.

"스토아철학이 지정해준 완전한 무감각에 의해, 사적이고 편파적이며 이기적인 모든 감정들을 억제하고 근절시키고자 함으로써, (…) 이 철학은 자연이 우리 삶의 적정한 사업과 업무라고 지정해주었던 모든 것의 성공과 실패에 대해, 우리를 냉담하고 무관심하게 만들려고 애쓴다."(7부, 2편, 1장)

스미스는 철학의 추론이 오성을 혼란시키고 당혹하게 할 수 있을지는 몰라도, 자연이 원인과 결과 사이에 확립해놓은 필연적 관계를 단절시킬 수는 없다고 생각했다. 욕망과 혐오감, 희망과 공포, 기쁨과 슬픔을 자연스럽게 초래하는 원인들은 개인이 가진 감수성의 정도에 따라 특정하고 필연적인 결과를 초래한다. 게다가 마음속 인간의 판단은 이러한 추론에 많은 영향을 받을 수도 있다. 또한 이 위대한 가슴속 동거인은 추론으로부터 사적이고, 당파적이며, 이기적인 감정들을 억제해 어느 정도 완전한 마음의 평정을 유지하는 것을 배울 수도 있다. 이 동거인의 판단을 지도하는 것이 도덕성에 관한 모든 체계들의 중요한 목적인 것이다. 만약 스토아철학의 일반적인 경향이 가장 영웅적인 관대함과 가장 광범위한 자혜의 행동들을 고무시키는 데 있다면, 인간의 도덕감정들에 대한 일방적인 냉담함 혹은 무감각은 바람직하지 않다고 스미스는 말한다.

덕성이 행위의 적정성에 있다는 도덕철학체계와 관련한 스미스의 결론은 다음과 같다.

"적정성이 없는 덕성이란 존재하지 않는다. 적정성이 있는 한 어느 정도 인정이 주어지는 것은 당연하다. 하지만 이런 설명은 여전히 불완전하다. 적정성은 모든 덕성스러운 행위의 본질적인 한 구성요소이기는 하지만, 그것이 항상 유일한 구성요소는 아니기 때문이다. 자혜로운 행동은 그 속에 또 다른 특성을 가지고 있으면서, 그로 인해 인정받는 것뿐만 아니라 보답 받을 가치가 있는 것처럼 보이기도 한다. 앞서 논의한 도덕철학체계들 중에서 그 어느 것도 이렇게 자혜로운 행동이 마땅히 받아야 하는 보다 높은 존중이나 이 행동이 자연스럽게 유발시키는 다양한 감정을 쉽고 충분하게 설명해주지 못한다.

또한 악덕에 대한 기술도 완전하지 못하다. 왜냐하면 (…) 부적정성은 모든 악한 행위에 필요한 구성요소이기는 하지만, 그것이 반드시 유일한 구성요소는 아니기 때문이다. 또한 전혀 해를 끼치지 않는 사소한 행위에도 최고의 불합리성과 부적정성이 흔히 존재하기 때문이다. 함께 생활하고 있는 사람들에 대해 유해한 성향을 갖는 의도적 행위들은 행위의 부적정성 외에도 그 자체로 독특한 특성을 가지고 있으면서, 그로 인해 인정받지 못할 뿐만 아니라 처벌받아 마땅한 것으로 보이기도 한다. 이 대상이 된다는 것은 혐오, 분개 그리고 보복의 대상이 되는 것과 같다. 도덕철학체계 중 그 어느 것도 이와 같은 행동에 대해 우리가 느끼는 보다 높은 정도의 증오심을 쉽고 충분하게 설명해주지는 못하고 있다."(7부, 2편, 1장)

덕성이 신중함에 있는 도덕철학

| 에피쿠로스의 쾌락과 행복 |

스미스는 덕성이 신중함에 있다고 설명하는 철학체계 가운데 가장 오래된 것이 에피쿠로스(BC 341~BC 270)의 철학이라고 생각한다. 앞서 살폈듯이 신중함은 자기 행복에 관심을 가지기 위해 필요한 덕성으로, 개인으로 하여금 마음의 평정을 유지하게 하는 덕성이었다. 이 코드가 쾌락의 철학자인 에피쿠로스와 맞아떨어지는 것이다.

에피쿠로스는 개인적인 인생 문제를 사유의 주요 테마로 삼은 철학자였다. 인식에 대해서는 감각론을 주장하면서 감각이 스스로 참을 전한다고 주장했으며, 인식이 목표로 삼는 것은 무지나 미신에 기초한 신이나 죽음에 대한 공포로부터 벗어나 행복을 얻는 것에 있다고 보았다. 그에게 행복이란 평정하고 자율적인 심신의 안정 상태인 '아타락시아ataraxia'(마음의 평정)이며, 이것이 곧 쾌락이었다. 스미스는 바로 이 에피쿠로스의 쾌락과 그 반대편에 있는 고통을 함께 주목했다.

에피쿠로스에 따르면, 육체적인 쾌락과 고통은 자연적 욕구와 혐오의 유일하고 궁극적인 대상이다. 그가 생각하기에 육체적인 쾌락과 고통이 언제나 이러한 열정들의 자연적인 대상이라는 것은 의심의 여지가 없다. 예컨대 쾌락을 얻고자 하는 성향은 권력과 부를 바람직한 대상으로 만들고, 고통을 적대하는 성향은 가난과 미천함을 혐오의 대상으로 만든다.

에피쿠로스는 마음의 모든 쾌락과 고통은 궁극적으로 육체의 쾌

에피쿠로스

락과 고통에서 유래한다고 생각한다. 지나간 육체의 쾌락과 도래할 또 다른 쾌락을 마음이 기대할 때, 그 마음은 행복해진다. 반면 지나간 육체의 고통과 앞으로 겪게 될 고통이나 더 큰 고통을 걱정할 때, 그 마음은 불행해지는 것이다. 그러나 마음이 접하는 쾌락과 고통은 육체의 쾌락과 고통보다 훨씬 더 크다. 육체는 그저 순간의 감각만을 느낄 뿐인데 반해, 마음은 기억과 예상을 통해 과거나 미래의 감각까지도 느끼기 때문이다.

누군가 육체적으로 최대의 고통을 당하고 있다고 가정해보자. 그를 괴롭히는 것은 현재의 고통만이 아니다. 과거에 대한 괴로운 기억 그리고 미래에 대한 두려움이 더 크게 작용한다. 매순간의 고통을 그 자체로만 인식하고 과거와 미래로부터 단절시킨다면, 그것은 관심을 기울일만한 가치가 없는 사소한 것일 뿐이다. 에피쿠로스의 입장에서 육체가 받는 고통은 이게 전부다.

마찬가지로 누군가 최고의 쾌락을 누리고 있을 때, 지금 이 순간의 감각인 육체적 감각은 행복 가운데 아주 작은 부분에 불과하다. 그의 기쁨은 주로 과거로부터의 즐거운 회상이나 미래에 관한 더 즐거운 예감이라는 마음의 작용에서 비롯되는 것이다. 이렇게 인간의 행복과 비참은 주로 마음에 달려 있다고 에피쿠로스는 생각한다.

마음이 좋은 성향을 가지고 생각과 의견이 올바름을 유지하고 있다면, 육체가 어떤 식으로 영향을 받는지는 별로 중요하지 않다. 육체적으로 큰 고통을 받고 있을지언정 이성과 판단이 상황을 지배하고 관리한다면, 여전히 상당한 정도의 행복을 누릴 수 있다.

에피쿠로스는 이런 식의 가정을 든다. 예컨대 고통이 상당히 큰 경우를 떠올려보라고. 이때 우리는 이 고통이 잠시뿐일 것이며, 금방 완화될 것이며, 나아가 죽음이 항상 곁에 있어 부르면 곧 바로 달려와 이 고통을 중단시켜줄 것이며, 때문에 죽음은 악으로 간주될 수 없는 거라고 생각함으로써, 이 고통은 완화될 수 있다고 생각한다는 것이다. 에피쿠로스의 종합적인 결론은 이렇다.

"우리가 존재할 때 죽음이 존재하지 않고, 죽음이 존재할 때 우리는 존재하지 않는다. 따라서 죽음은 우리에게는 아무것도 아니다."(7부, 2편, 2장)

에피쿠로스 식의 쾌락의 감각은 본래 고통의 감각보다 훨씬 덜 자극적이다. 고통에 대한 감각이 안정된 마음의 행복으로부터 빼앗아 가는 것이 별로 없다면, 쾌락은 마음의 행복에 추가시키는 것이 별로 없다. 육체가 고통으로부터, 마음이 공포와 불안감으로부터 해방될 때, 육체적 쾌락의 증대는 별로 중요하지 않다.

그래서 에피쿠로스는 이렇게 결론 내린다. 인간본성의 가장 완전한 상태, 즉 인간이 누릴 수 있는 가장 완전한 행복은 육체의 안락과 정신의 평안에 있다고 말이다. 그리고 자연적 욕구의 이 위대한 목적을 달성하는 것이 모든 덕성들의 유일한 목표라고 말이다. 하지만 스미스에게 자연적 욕구라는 덕성은 그 자체만으로 바람직한 것이 될 수는 없다. 이 덕성이 바람직하기 위해서는 어떤 상황을 가져오는 경향이 있어야 한다.

예를 들어, 에피쿠로스철학에서 중요한 신중함이라는 덕성이 유쾌하고 기분 좋은 덕성이 되는 까닭은 여기에 최대의 선을 추구하고 최대의 악을 막아주는 경향이 있기 때문이다. 또한 쾌락을 삼가고 향락에 대한 자연적 열정을 억제하는 절제라는 덕성도 그 자체로 바람직한 것은 아니지만, 보다 큰 미래의 향유를 위해 현재의 향유를 연기하거나 현재의 향유로 인해 일어날 수도 있는 더 큰 고통을 피하게 하는 데서 그 가치를 찾을 수 있다. 에피쿠로스 식으로 보자면, 절제는 쾌락에 관한 신중함일 뿐이다. 정의도 마찬가지다. 이 역시 우리 이웃에 관한 분별 있고 신중한 행동과 다름없다.

| 스미스의 에피쿠로스 비판 |

하지만 스미스는 에피쿠로스가 다음 사항들을 놓치고 있음을 지적한다.

"육체적 안락과 안전에 관한 덕성이나 반대로 악덕의 경향이 무엇이든 간에 그것들이 자연스럽게 타인에게 불러일으키는 감정은 다른 모든 귀결보다 훨씬 더 열정적인 욕구나 혐오의 대상이 된다. (첫째로) 호감을 주고 존경받으며 존중의 적정한 대상이 된다는 것은 훌륭한 성향을 지닌 모든 사람들에 의해 사랑과 존경 그리고 존중이 우리에게 가져다주는 안락함이나 안전보다도 더 높은 평가를 받는다. (둘째로) 이와는 대조적으로 가증스럽고 경멸적이며 분노의 적정한 대상이 된다는 것은 증오와 경멸 그리고 분노로부터 우리 육체가 겪는 모든 것들보다 더 무서운 것이다. 따라서 전자의 성격에 대한 우리의 욕구와 후자의 성격에 대한 혐오는 이 성격들이 우리 육체에 미치는 효과에 대한 그 어떤 관련으로부터도 발생할 수 없는 것이다."(7부, 2편, 2장)

이렇게 스미스는 '육체적' 쾌락과 고통에 방점이 찍힌 에피쿠로스의 테제에 대해 비판을 시작한다. 인용문에서 읽히듯, 그는 육체적 안락이나 안전에 대한 욕구보다 타인들로부터 호감과 존경과 존중을 받는 것을 더 높게 평가하고, 타인들에게 증오와 경멸 그리고 분노의 대상이 되는 것이 육체적 고통보다 더 두려운 것이다. 요컨대 자연적 욕구와 혐오의 유일하고 궁극적인 대상이 단지 육체적인 쾌락과 고통에만 있다고 볼 수 없다는 점이 비판의 핵심이다. 이어 "에피쿠로스의 철학체계는 의심할 여지없이 내가 확립하려고 했던 체계와 전혀 양립하지 않는다"(7부, 2편, 2장)는 단언으로 이어진다. 스미스는 에피쿠로스 철학의 근본적인 문제점을 다음과 같이 지적한다.

"서로 다른 모든 덕성들을 지나치게 한 가지 종류의 적정성으로 과도하게 통합시킴으로써, 에피쿠로스는 하나의 성향에 빠져버린다.

그것은 모든 사람들에게 자연스러운 것이지만, 특히 철학자들이 자기 재능을 과시하기 위한 커다란 수단으로서 특별한 애호를 가지고 개발한 것으로, 모든 현상들을 가능한 한 소수의 원리로 설명하려는 성향이다. 그가 자연적 욕구와 혐오의 일차적인 모든 대상들을 육체의 쾌락과 고통에 근거하는 것이라고 했을 때, 그는 의심의 여지없이 이러한 성향에 더 깊이 빠져 있었다."(7부, 2편, 2장)

덕성이 자혜에 있는 도덕철학

이 도덕철학체계는 아우구스투스 시대와 그 이후 시대에 자신들을 절충주의자로 불렀던 철학자들의 학설로 볼 수 있다. 주로 플라톤과 피타고라스의 견해를 추종했다는 점에서 일반적으로 후기플라톤주의자라고 알려지기도 했다.

이들의 입장은 이렇다. 신성神聖에 있어서 자혜와 사랑이 유일한 행동원리이며, 이것이 다른 모든 속성들이 발휘되는 데 방향을 제시해준다. 또한 신의 지혜는 그의 선함이 시사하는 목적들을 실현하기 위한 수단들을 찾아내는 데 사용된다. 자혜는 최고의 지배적인 속성이며, 다른 속성들은 이것에 봉사한다. 자혜로부터 궁극적으로 신적 임무의 모든 탁월성과 도덕성이 비롯된다.

이 도덕철학이 지향하는 목표도 같은 맥락 하에 놓인다. 인간정신의 전체적인 완전성과 덕성은 신의 완전성을 어느 정도 닮거나 이에 참여함에 있다. 따라서 이는 모든 신적 행위들에 영향을 미치는 자혜와 사랑의 원리로 채워진다. 정리하자면 인간의 덕성은 신이 명령한 자혜와 사랑의 원리를 실천함에 있다는 것이다.

따라서 이러한 동기에서 비롯되는 인간의 행위만이 진정한 칭찬의 대상이 되고, 가치를 지닌다. 인간은 신이 지시한 원리를 자기 마음속에 간직하며, 감정을 신의 신성한 속성과 비슷하게 만든다. 마침내 인간은 신의 사랑과 존중의 적정한 대상이 되고, 신과의 직접적인 교류와 교제가 가능한 상태에 이른다. 그리고 이 모든 것은 자혜와 사랑의 행위를 통해서만 가능하다.

종교개혁 이후에 가장 탁월한 신앙심과 학식을 지닌 신학자들이 이 철학체계를 도입했다고 스미스는 생각한다. 스미스는 케임브리지대학 출신의 플라톤주의자에 속하는 세 명의 철학자를 꼽고 나서, 자신의 스승이기도 한 허치슨[54]을 고대와 현대에 걸쳐 이 도덕체계의 모든 후원자 가운데 가장 예리하고 독창적이며 진지하고 분별 있었던 철학자로 강조한다.

| 자혜 |

스미스는 덕성이 자혜에 있다는 점에 대해 이렇게 말한다.

> "덕성이 자혜에 있다는 것은 인간본성으로부터 나타나는 많은 현상들에 의해 지지되는 관념이다. (…) 적정한 자혜는 모든 감정들 중에서 가장 품위 있고 가장 유쾌한 감정이며, 그것은 이중적인 공감에 의해 우리에게 권고되고, 그것의 경향은 필연적으로 자혜로운 까닭에 감사와 보상의 적정한 대상이 된다는 점 등, 이 모든 이유로 자혜

는 우리의 자연적 감정에서 볼 때, 다른 어떠한 감정보다 뛰어난 가치를 가진 것으로 보인다."(7부, 2편, 3장)

앞서 살펴보았듯이 자혜가 지니는 약점이나 연약함도 우리에게 불쾌한 감정을 일으키지 않는다. 지나친 적개심과 이기심 그리고 지나친 분노 등은 모든 사람들이 기피하며, 우리에게 불쾌한 감정을 준다. 하지만 지나친 관용이나 자혜는 비록 이것들이 행위의 적정성에 대한 그 어떤 고려도 하지 않은 채 행해진다 할지라도, 불쾌한 감정을 초래하지 않는다. 자혜라는 도덕감정은 다른 감정들과는 달리 항상 사람들에게 그 어떤 매력을 발산한다. 자혜라는 덕성에 대한 스미스의 해석은 이렇다.

"어떤 행위를 함으로써 그것이 비난의 적정한 대상이 될지, 인정의 대상이 될지를 전혀 생각해보지 않고서도 늘 자혜를 베푸는 본능적인 선의 속에는 우리를 즐겁게 하는 어떤 것이 있다. 다른 열정들은 그렇지 않다. 그 열정들은 적정성에 대한 감각을 동반하지 않는 순간에 사라져버리고, 더 이상 유쾌하지 않다."(7부, 2편, 3장)

이어 스미스는 덕성이 자혜에 있다는 관점과 관련된 허치슨의 논의를 설명한다.

허치슨은 자혜적인 감정에서 비롯된 행위에서 다른 동기가 발견될 경우, 그 행위의 가치에 대해 우리가 느끼는 감정은 그 동기가 영향을 미쳤다고 생각되는 만큼 감소한다고 본다. 예컨대 자혜의 감정에 이기적인 감정이 혼합될 경우, 그 행위가 가지는 가치는 적어도 감소되거나 소멸해버린다. 스미스가 생각하기에, 허치슨이 덕성이 자혜에 있다고 말했을 때, 이 자혜의 관념은 순수하고 이해관계가 없는 도덕감정을 의미하는 것이다. 하지만 이와 반대로, 이기적인 동기에서 비롯된 것으로 생각했던 행위들이 자혜로운 동기에서 비롯됐다는 사실을 깨닫게 될 때, 이는 그 행위의 가치에 대한 감각을 크게 고양시키기도 한다.

이처럼 허치슨의 경우, 자혜라는 도덕감정은 어떤 행위에 덕성의 성격을 부여해줄 수 있는 유일한 동기이다. 자혜로운 행위가 커지면 커질수록 그 행위는 칭찬 받아 마땅하고, 또한 그 칭찬도 더욱 커진다. 즉, 어떤 행위가 어느 거대한 공동체의 행복을 위함에 그 목적이 있다고 할 경우, 이 행위는 소규모 집단의 행복에만 목표를 둔 행위보다 더 확대된 자혜를 가지고 있음을 의미하기 때문에, 그만큼 더 덕성스러운 행위라는 것이다. 따라서 덕성이 자혜에 있다는 철학 체계를 수용할 경우, 다음과 같은 결론이 나온다.

"모든 감정 중에서 가장 덕성스러운 감정은 모든 지적 존재들의 행복을 자신의 목적으로 여기는 것이다. 이와 반대로 어떤 점에서든 덕성의 성격을 조금이라도 가지고 있는 감정들 중에서 가장 적은 덕성을 가진 감정은 한 개인, 예컨대 아들, 형, 어느 한 친구의 행복만을 목적으로 삼고 있는 감정이다."(7부, 2편, 3장)

그럼 스미스는 어떤 행복을 원했을까? 개인의 행복일까 아니면 사회구성원 전체의 행복일까? 스미스는 덕성이 단지 자혜에 있다는 견해를 전적으로 수용하는 것은 아니지만,『도덕감정론』전체를 관통하는 그의 철학적 사고를 주의 깊게 관찰해보면, 그 역시도 단지 개인만의 행복에 안주하지 않았음을 알게 된다. 그는 공감이라는 도덕감정을 통해 사회구성원들 간의 소통 모델을 제시했고, 행위의 적정성과 관련해서는 소통의 진정한 중개자로서 마음속 공정한 관찰자, 즉 가슴속 인간을 통해 인간의 행위에 대한 성찰을 주장했다. 타인의 고통에 무감각(냉담)해진다는 것은 스미스에게 인간본성에 반하는 비사회적 행동이었다.『도덕감정론』을 통해 무던히도 그가 찾으려 애썼던 것은 바로 개인과 사회구성원 전체의 행복 사이에 놓여 있을 적정한 균형점이었다고 보인다.

| 자기애의 경우 |

스미스는 덕성을 자혜에 두는 이 도덕철학체계에서 덕성의 완성에 대해 다음과 같이 언급한다.

"모든 행위에 대해 가능한 한 최대의 선을 촉진하도록 그 방향을 정하고, 모든 열등한 감정들을 보편적인 인류 행복에의 욕구로 종속시키며, 자신을 수많은 사람들 가운데 한 사람으로 생각하고, 자기 번영이 전체의 번영과 일치하거나 전체의 번영에 이바지하는 경우에만, 자신의 번영을 추구하는 것에서 덕성의 완성이 존재한다."(7부, 2편, 3장)

스미스에게 자혜라는 덕성이 추구하려는 궁극적 목표가 보편적인 인류의 행복에 있다는 점은 자명해 보인다. 이러한 차원에서라면 개인적 관심사에 주안을 두는 자기애란 어떤 정도로도, 또한 어떤 방향에서도 결코 덕성스러운 원리가 될 수 없다. 특히 자기애가 일반적인 선을 방해할 경우, 그것은 항상 악덕이 된다.

그러나 자기애가 개인의 행복만을 보살피는 것을 제외하고서 다른 어떤 결과도 초래하지 않는다면, 그것은 그저 죄가 없는 상태로서, 어떤 칭찬이나 비난의 대상이 되지는 않는다. 또한 이해관계에서 유래한 강한 동기가 있음에도 불구하고 자혜로운 행위들이 실행될 때에는 바로 그 이유로 한층 더 덕성스럽게 된다. 이런 행위들이야말로 자혜로운 원리가 가진 활력을 보여주기 때문이다.

허치슨도 어떤 경우든 자기애가 덕성스러운 행위의 동기가 될 수 있음을 인정하지 않는다. 자기 승인의 즐거움이나 자기 양심이 주는 쾌적한 갈채에 대한 고려는 자혜로운 행위의 가치를 감소시킨다는 것이다. 그가 자기애를 이기적 동기로 생각하고 있다는 증거다. 따라서 자기애가 어떤 행동에 영향을 미치는 한, 인간행동에 유일하게 덕성의 성격을 새겨줄 수 있는 순수하고 사욕이 없는 자혜의 취약함을 드러내는 셈이 된다.

그런데 스미스는 자기 마음의 승인에 대한 고려 부분에서 허치슨과 의견을 달리한다. 일상적인 판단에서는 자기 마음의 승인을 고려하는 행위가 무조건 덕성을 감소시킨다고 생각할 수는 없다는 것이다. 스미스에게 이러한 고려는 도리어 마땅히 덕성스러운 것으로 가치를 인정받을 만한 유일한 동기로도 간주된다. 그래서 그는 덕성의 본성에 관한 허치슨의 도덕철학체계를 다음과 같이 정리하면서 비판한다.

"이 도덕철학체계는 인간의 마음속에 있는 모든 감정들 중에서 가장 고상하고 가장 유쾌한 감정을 육성하고 지지해주는 특유한 경향을 가지고 있다. 그리고 자기애에 영향을 받는 사람들에게는 결코 어떠한 명예도 가져다주지 못한다는 점을 보여줌으로써 자기애의 불의를 저지하고, 나아가 어느 정도 자기애의 원리를 전체적으로 약화시키는 특유한 경향도 가지고 있다.

하지만 내가 이미 설명했던 다른 도덕철학체계들 중 어떤 체계들이 자혜라는 최고의 덕성이 가지는 특유의 탁월성이 어디에서 유래하는지를 충분하게 설명해주지 못하고 있는 것처럼, 이 도덕철학체계도 그 반대의 취약점을 가지고 있는 것처럼 보인다. 즉, 신중함, 조심성, 용의주도함, 절제, 일관성, 확고부동함 등과 같은 하위의 덕성들에 대한 우리의 승인이 어디에서 유래하는지 충분히 설명하고 있지 못하고 있는 것이다.

이 철학체계가 주목하고 있는 유일한 특징은 감정들에 관한 견해와 이들의 목적 그리고 이 감정들이 초래하는 경향이 있는 자혜로운 결과와 해로운 결과뿐이다. 이 감정들의 적정성과 부적정성, 즉 이 감정들을 초래하는 데에 대한 적합성과 부적합성은 전적으로 무시되고 있다."(7부, 2편, 3장)

정리하자면, 스미스의 입장은 인류의 보편적 행복뿐만 아니라 개인의 사적인 행복과 이해관계에 대한 고려도 칭찬할 만한 행위의 원리라는 것이다. 예컨대 일반적으로 이기적이고 자기애적 동기에서 유발되는 절약, 근면, 분별, 주의 그리고 심사숙고하는 습관들은 모든 이의 존경과 인정을 받을 가치가 있는, 칭찬받을 만한 자질이다.

물론 스미스 역시 어떤 이기적인 동기들의 혼합이 자혜로운 감정에서 생겨나는 행위의 아름다움을 손상시키는 것처럼 보인다고 생각한다. 하지만 여기서는 그 원인이 중요하다. 자기애가 결코 덕성스러운 행위의 동기가 되지 못해서가 아니라, 특정한 경우엔 자혜로운 원리 자체가 당연히 지녀야 할 적정한 강도의 힘을 결여하고, 또한 그 대상에 대해 완전히 부적합한 것처럼 보이기 때문이다.

| 또 다른 곳에서 덕성을 찾을 때 |

지금까지 세 가지 도덕철학체계에 관한 스미스의 입장을 살펴보았다. 스미스는 덕성에 관한 다른 모든 설명들도 이 세 가지 설명 중 어느 한 체계로 환원될 수 있다고 생각했다.

그 중 하나가 덕성이 신적 의지에 복종함에 있다고 보는 도덕철학체계다. 스미스는 이 체계를 덕성이 신중함이나 적정성에 있다고 보는 체계 속에 포함시킬 수 있다고 본다. 예컨대 그는 신의 의지에 왜 복종해야만 하는가에 대한 질문을 받았다고 가정한 뒤, 여기에는 서로 다른 두 가지 답변이 있을 뿐이라 언급한다.

첫째로 신적 존재가 무한한 힘을 가진 존재이기 때문이다. 그는 복종의 대가로 영원한 보상을 약속하되, 그에 반할 시 영원한 처벌을 내리는 존재다. 이 답변이 적절하다면, 덕성은 신중함, 즉 우리 자신의 궁극적 이익과 행복의 적정한 추구에 있는 것이다.

둘째로 우리 자신의 행복에 대한 고려, 어떤 종류의 보상이나 처벌에 대한 고려와 상관없이 피조물은 창조자에게 복종해야 하기 때문이다. 달리 표현하면, 유한하고 불완전한 존재는 무한하고 불가해한 완전성을 가진 존재에 순종하는 것이 적합성과 적절성에 조응하기 때문이다. 이 답변이 적절하다면, 덕성은 적정성에 있는 것이다. 우리가 복종할 의무를 가지는 근거는 겸손과 복종의 감정들이 이것들을 자아내는 대상의 우월성에 대해 가지는 적절성과 적합성이기 때문이다.

또한 스미스는 덕성이 효용에 있다고 보는 철학체계도 덕성이 적정성에 있다고 보는 체계와 일치한다고 본다. 이는 흄의 윤리학체계를 염두에 둔 것으로서, 흄은 사회에 대한 효용을 도덕의 중요한 토대로 간주했었다. 즉, 흄에게 효용은 도덕적 가치의 척도로서, 사회의 행복에 기여하는 모든 것은 직접적인 인정과 선한 의지다. 하지만 스미스에게 효용은 도덕적 가치의 기초가 아니다. 그는 덕성에 대한 인간의 인정을 효용에 있다고 보는 흄의 견해에 대해 다음과 같이 비판한다.

> "효용이 왜 즐거움을 주는가를 처음으로 설명한 (…) 흄은 사물에 관한 이러한 견해에 아주 강한 인상을 받은 나머지 덕성에 대한 우리의 인정 전체를 효용이라는 현상에서 초래되는 아름다움에 대한 지각의 문제로 해소해버렸다. 그가 관찰한 바로는 마음의 어떤 특성도 그 자신이나 타인에게 유용하거나 쾌적한 것이 아닌 한 덕성스러운 것으로 인정되지 않으며, 반대의 경향을 지니고 있지 않는 한 어

떤 특성도 악덕한 것으로 부인되지도 않는다는 것이다. 또한 자연은 인정과 부인의 감정을 진정으로 개인과 사회 양자의 편의성에 매우 훌륭하게 적응시키는 것 같기에 (…) 나는 이것이 일반적인 경우로 드러나리라고 믿는다.

하지만 나는 여전히 이 유용성이나 유해성에 관한 견해가 인정과 부인의 최초의 원천이나 중요한 원천도 아니라고 주장한다. 이러한 감정들이 유용성이나 유해성으로부터 비롯되는 아름다움이나 추함에 대한 지각에 의해 제고되고 활발해진다는 점은 분명하다. 하지만 내가 여전히 말하려는 바는 이 감정들이 이러한 지각과 본질적으로 다르다는 점이다. 무엇보다 덕성에 관한 인정이 우리가 편리하고 잘 고안된 건축물을 인정하는 감정과 동일한 종류의 감정이라고는 생각할 수 없을 것 같기 때문이다."(4부, 2장)

그리하여 스미스는 "인정의 감정은 항상 그 안에 효용에 대한 감각과는 아주 다른 적정성에 대한 감각을 포함한다"(4부, 2장)고 주장한다. 그에 따르면, 덕성이 효용에 있다고 보는 도덕철학은 당사자나 타인에게 쾌적하고 유익한 정신의 모든 자질들을 덕성스러운 것으로 인정하는 반면에, 그 반대의 것을 악덕인 것으로 부인한다. 하지만 스미스는 여기에 반대한다.

"어떤 감정의 유쾌함과 효용은 그 감정이 어느 정도로 존재하도록 허용하는가에 달려 있다. 모든 감정은 어느 정도 억제되고 있는 경우에 유용하고, 적정한 한계를 넘어서는 경우에는 유익하지 못하

다."(7부, 2편, 3장)

스미스는 효용이 덕성이나 인정의 도덕적 토대가 아니라고 주장한다. 물론 『국부론』에서 효용은 경제적 노력의 원천이자 목표로 선택될 수도 있다. 하지만 『도덕감정론』에서는 그렇지 않다. 효용 그자체는 단지 도구적 가치를 가질 뿐이다.[55]

스미스는 효용을 덕성의 기초로 보는 철학체계와 자신의 철학체계와의 차이점을 이렇게 정리한다.

"이 철학체계와 내가 확립하고자 했던 철학체계의 유일한 차이점은, 이 체계가 공감이나 이에 해당하는 관찰자의 감정이 아니라 효용을 적절한 정도의 자연적이고 본래적 척도로 삼고 있다는 점이다."(7부, 2편, 3장)

*

지금까지 우리는 스미스의 세 가지 도덕철학체계에 관해 살펴보았다. 이 도덕철학체계들에 관한 스미스의 평가를 다시 한 번 간단히 정리해보자.

덕성을 적정성에서 찾고 있는 철학체계들은 일반적으로 위대하고 위압적이고 존중할 만한 덕성, 자제와 극기의 덕성을 추천하고 있다. 즉, 불굴의 정신, 도량, 운명으로부터의 독립, 고통, 빈곤, 죽음 등에 대한 경멸감이 이러한 덕성에 속한다. 이 철학체계에서는 부드럽고 온화하며, 너그러운 덕성들, 관대한 인간애의 모든 덕성들은 비교적 덜 강조됐다. 특히 스토아철학에서 이 덕성들은 지혜로운 사람이 가져서는 안 되는 것으로 간주됐다.

덕성이 자혜에 있다는 도덕철학체계는 부드러운 덕성들을 최고도로 장려하는 반면, 더 경외감을 불러일으키고 존중할 만한 정신의 자질들을 전적으로 무시하는 것처럼 보인다. 그리고 이러한 자질들에 덕성이라는 이름을 부여하는 것까지도 거부한다. 나아가 이해관계만을 목표로 하는 행위원리들을 가능한 한 부정적으로 다룬다. 이 체계에서 이 행위원리들은 그 자체로 어떤 가치도 지니지 못하며, 특히 자혜라는 도덕감정과 결합할 경우, 오히려 자혜의 가치를 감소시킨다. 신중함이라는 감정도 사적 이익만을 장려하는 데만 적용될 경우에는 덕성이 될 수 없다.

마지막으로 덕성을 신중함에서 찾고 있는 도덕철학체계에서는 조심, 경계심, 침착 그리고 현명한 절제의 관행이 최고도로 장려된다. 반면 이 체계에서 호감을 주는 덕성과 존경할 만한 덕성은 똑같이 덕성으로서의 가치를 평가절하 당하고 있다. 그리하여 호감을 주는 덕성에서 비롯되는 아름다움과 존경할 만한 덕성에서 비롯되는 위대함을 박탈해버리는 듯 보인다.

하지만 이와 같은 한계와 결점에도 불구하고, 이 도덕철학체계들이 가지는 일반적 경향은 인간정신에 가장 좋고 가장 훌륭한 습관을 고무시키는 것이라고 스미스는 평가한다. 나아가 인간의 행위가 이 철학체계들 가운데 어느 한 가르침에 의해 규제된다면, 그것은 사회를 위해 좋은 일이라고 생각한다.

방종의 철학체계

덕성이 어디에 있는가에 대한 입장은 다를지라도, 이 세 체계들은 덕성과 악덕을 구분한다는 점에서 그 특성을 공유하고 있다. 이제 이 즈음에서 스미스가 방종의 철학체계라고 명명한 것에 관해 살펴볼 필요가 있겠다.

스미스는 이 철학체계를 완전히 유해한 것으로 단정하면서, 이 철학을 대변하는 인물로 맨더빌Bernard de Mandeville(1670~1733)[56]을 꼽는다. 맨더빌은 인간의 이기심과 물질욕구 등을 잘 이용해 법과 제도를 만들면, 국가의 통치와 사회의 발전이 원활이 이행될 수 있다고 생각했던 인물이다. 그는 자신의 저서에서 "노련한 정치인이 개인의 악덕을 잘 다룬다면, 사회의 이익으로 만들 수 있다"고 주장한다. 공감의 철학자 스미스의 비판이 당연히 제기될 법한 논조다.

> "이 학자의 견해는 거의 모든 관점에서 틀린 것이다. 다만 어떤 차원에서 보면, 인간본성의 몇 가지 현상들은 처음에 그것을 뒷받침해 주고 있는 것처럼 보인다. 조야하고 거칠기는 하지만 생명력이 있고 해학적인 맨더빌의 수사법에 의해 묘사되고 과장된 이 현상들은 미경험자들이 속기 쉬운 진리와 개연성의 분위기를 그의 교의들에 던져주었다."(7부, 2편, 4장)

맨더빌은 적정성에 대한 감각과 권고할 만하고 칭찬받을 만한 것에 대한 고려를 통해 행해지는 것은 무엇이든지 칭찬과 권고에 대

　　　　　　　　　　　　　　　15장·도덕철학의 체계들

맨더빌과 그의 저서인 『꿀벌의 우화』(1714) 초판본

절약을 미덕으로 삼는 일반적 경제관에 반대해 인간의 도덕적 약점과 사욕 등에서 비롯되는 소비야말로 부의 증대와 실업의 해소 그리고 국가의 경제발전을 가져온다고 주장했다. 이 주장은 버클리와 같은 기성도덕의 옹호자들과 가독교인들을 격분시켰고, 그를 비난하기 위해 Man-Devil(인간악마)로 부르는 이들도 있었다.

한 애착이나 허영심에 기초를 두고 있다고 본다. 또한 인간은 본성상 타인보다 자기 행복에 훨씬 더 큰 관심을 가지는 존재로서, 타인의 번영보다 자기 번영을 더 선호한다. 행여 인간이 타인의 행복과 번영에 더 큰 관심을 가지는 것처럼 보일 경우란 사실상 속이고 있거나 이기적인 동기에서 그런 것일 뿐이다. 이런 허영심은 인간의 열정 중에서도 가장 강렬한 열정 중 하나인 까닭에 인간은 타인의 발수갈채에 그저 의기양양하며 즐거워한다.

동료의 이익을 위해 자기 이익을 포기하는 것처럼 보이는 경우에도 마찬가지다. 사실상 그는 자기 행동의 결과로서 동료들로부터의 칭찬을 기대하며, 이때 동료의 칭찬으로부터 얻어지는 즐거움은 포기한 자기 이익을 능가하는 것이다. 덧붙여 사적인 이익보다 공공의 이익을 선호하는 모든 공공정신이란 인류에 대한 기만이자 속임수에 불과하며, 인간의 덕성이라는 것도 아첨과 자랑이 야합해 낳은 소산물에 지나지 않는다. 이렇게 맨더빌은 이기심을 떠나 다른 덕성들을 논하는 것이 무의미하며 무가치한 일이라 여긴다.

이런 그의 입장이 '공감'을 테제로 밝힌 스미스의 그것과 양립할 수 없는 것은 당연하다. 스미스는 맨더빌식의 허영심에 관한 확장을 경계하면서 비판의 포문을 연다.

"나는 (⋯) 명예롭고 숭고한 것을 행하려 하며, 스스로를 존중과 인정의 적정한 대상으로 만들려는 욕구를 허영심이라고 부르는 데 그어떤 적정성도 가질 수 없다는 점을 보여주고자 한다. 충분한 근거가 있는 명성과 평판에 대한 애착, 진정으로 존중받을 만한 것에 의

해 존중받고자 하는 욕구조차 허영심으로 불려서는 안 된다."(7부, 2편, 4장)

스미스에게 덕성에 대한 애착은 인간본성 가운데 가장 고귀한 최선의 감정이다. 진정한 영광에 대한 애착도 덕성에 대한 애착보다는 열등하지만, 그 품위에 있어서 덕성에 대한 애착 바로 다음의 감정이다.

하지만 칭찬받을 만한 가치가 없거나 그럴 만한 가치가 없는 자질을 통해 칭찬을 바라는 사람은 필시 허영심이라는 죄를 범하게 된다. 예컨대 스미스는 인사받기 좋아하는 사람, 방문받기 좋아하는 사람, 여러 사람을 거느리고 다니기 좋아하는 사람, 그리고 존경받고 주목받고 있다는 모양새를 갖춰서 공공장소에서 주목받기 좋아하는 사람들이 허영심이라는 죄를 범하고 있다고 본다. 이런 사람들은 비난받아 마땅한 사람들이다.

그러나 덕성과 영광에 대한 애착(선호)은 허영심에 대한 애착과 전혀 다르다. 덕성과 영광에 대한 애착은 가장 고귀하고 위대한 사람들의 감정인 반면, 허영심에 대한 애착은 가장 천박하고 하찮은 사람들의 열정이다. 스스로를 명예와 존중의 적정한 대상으로 만들거나 진정성 있게 취할 만한 감정으로서 명예와 존중을 획득하려는 욕구는 수단과 방법을 가리지 않고 칭찬받고자 매진하는 천박한 욕구와 전혀 다른 것이다. 전자의 욕구들은 타인으로부터 인정을 받는 반면, 후자의 욕구는 행위의 부적정성으로 인해 반드시 경멸당한다.

물론 스미스는 전자와 후자의 욕구(감정) 사이에 근소한 유사성―허영심과 진정한 영광에 대한 애착 모두 존중받고 인정받는 것을 목표로 한다―이 있음을 직시하면서도, 전자의 감정은 정당하고 합리적이며 공정하지만, 후자의 감정은 부당하고 불합리하며 어리석은 것임을 밝히고 있다.

스미스가 보건대, 맨더빌은 허영심이라는 천박한 동기를 흔히 덕성스러운 것으로 간주되는 행위들의 원천으로 기술하는 것에 만족하지 않는다. 그는 인간의 불완전성을 다양한 지점에서 지적하려 한다. 그런 탓에 모든 경우에서 인간의 덕성은 그것이 자처하는 정도의 완벽한 자기부정에 이르지 못하고, 감정에 대한 정복도 될 수 없으며, 흔히 보이는 감정의 은폐된 탐닉에 불과하다고 그는 주장한다. 이러한 그의 입장에서 보면, 쾌락에 대한 자제도 가장 엄격한 금욕주의자의 절제 수준에까지 나가지 않는 한, 천박한 사치와 육욕에 불과하다.

정리하자면, 맨더빌의 판단에 따를 때 인간본성 유지에 필수적인 것을 넘어서는 것들은 모두 사치와 육욕이 돼버린다. 결혼생활 가운데 가장 합법적인 성욕의 탐닉마저도 유해한 충족이자 육욕에 불과하다. 이런 점에서 맨더빌은 아주 값싸게 실행될 수 있는 절제나 순결을 조롱한다. 그러나 맨더빌의 이러한 입장에 대해 다음과 같은 스미스의 반박이 이어진다.

"(…) 쾌락이나 성욕에 대한 애호에 붙여진 공통된 명칭들(사치와 육욕)은 악의적이고 비위에 거슬리는 감정의 정도를 드러낸다. 한편 절제와 순결이라는 단어도 감정들이 존속하도록 허용되는 정도를 나타낸다기보다 그것들이 유지되고 있는 억제와 종속 상태를 드러 낸다.

(…) 그러나 이러한 덕성들은 그 감정들이 지배하려는 대상들에 대 한 완전한 무감각을 요구하는 게 아니다. 그저 개인을 해치지 않고, 사회를 혼란스럽게 하거나 손상시키지 않는 한도까지 이 감정들의 격렬함을 억제하는 것을 목표로 삼고 있을 뿐이다."(7부, 2편, 4장)

스미스는『꿀벌의 우화: 사적인 악덕과 공적인 이익들』라는 저서 에서 드러나는 맨더빌의 오류는 어떤 정도나 어떤 방향에서든 모든 열정을 전적으로 악덕인 것으로 간주하는 데 있다고 주장한다. '사 적인 악덕이 곧 공공의 이익'이라는 결론을 내리게 된 것도 바로 모 든 열정은 악덕이며, 사실상 덕성은 존재하지 않는다는 그의 궤변 탓이라는 것이다.[57] 맨더빌의 이러한 입장은 일시적으로 미경험자에 게는 설득력이 있을지 모르겠지만, 인간이성과 도덕감정들 그리고 행위의 적정성이라는 관점에서 볼 때 아무런 의미를 지니지 못하는, 방종의 도덕철학체계에 불과할 뿐이라고 스미스는 판단한다.

자신과 타인의 행위를
인정하거나 부인하는 것은
어디에서 비롯되는가

스미스는 『도덕감정론』의 거의 마지막 부분에 해당하는 7부 3편에서 인정의 원리에 관한 철학체계들에 대해 논의한다. 스미스에게 인정의 원리란 덕성의 본질에 관한 탐구 다음으로 중요한 문제다. 이는 정신의 힘과 능력에 관한 것으로, 스미스는 다음과 같이 그 과제들을 정리하고 있다.

> "이것은 우리에게 어떤 성격을 유쾌하거나 불쾌한 것으로 만들고, 어느 한 행동방침을 다른 것보다 선호하게 만들며, 어떤 행동은 옳고 또 다른 행동은 옳지 않다고 규정함으로써 전자를 인정, 영예 그리고 보상의 대상으로, 후자를 비난, 책망 그리고 처벌의 대상으로 간주하게 만드는 정신의 힘과 능력에 대한 과제다."(7부, 3편, 서론)

스미스는 인정의 원리를 세 가지 방식으로 설명해나간다. 첫 번째는 자기 자신과 타인의 행위를 인정하거나 부인하는 것은 오직 자기애로부터 비롯된다는 설명이다. 이때 자기애란 그 행위들이 자신의 행복이나 불이익에 기여하는 경향에 관한 관점이다. 두 번째는 이성, 즉 참과 거짓을 구분하는 것과 동일한 능력이 우리로 하여금 행위와 감정에 적합한 것과 부적합한 것을 구분할 수 있게 해준다는 설명이다. 세 번째는 이러한 구분은 전적으로 직접적인 감정과 기분의 결과이며, 특정한 행위나 감정에 대한 관점은 우리를 고무시키는 만족이나 불쾌감에서 생겨난다는 설명이다. 종합하자면, 인정의 원리는 각각 자기애와 이성과 감정이란 서로 다른 세 가지 원천으로 규정된다는 의미다.

인정의 원리를 자기애에 둔 도덕철학체계

| 인간사회 |

인정의 원리가 자기애에 있다고 생각하는 사람들은 다양한 방식으로 이 원리를 설명한다. 예컨대 홉스와 여러 추종자들(예컨대 맨더빌 등)에 따르면, 인간이 사회 속으로 피신한 까닭은 인간이 자기 종족에 대해 느끼는 자연적 사랑 때문이 아니라 타인의 도움이 없으면 안락하고 안전하게 살아갈 수 없다는 판단 때문이다. 인간은 사회를 필요로 하며, 사회의 유지와 복지에 기여하는 것이라면 무엇이든 자기 이익에 부합되는 경향을 가지고 있다고 생각한다. 또한 같은 맥

락에서 사회를 파괴하거나 혼란시키는 행위는 무엇이든 그 자신에게 유해하고 위험한 것으로 간주한다.

이러한 관점에서 볼 때, 덕성은 인간사회를 지탱하는 위대한 지지자인 반면, 악덕은 인간사회의 커다란 훼방꾼이다. 덕성은 모든 사람들에게 유쾌함을 선사하고 그들의 존립과 안락과 안정을 위해 필요한 것들의 번영을 예견하지만, 악덕은 불쾌한 감정을 가져다주며 모든 이들의 파멸과 혼란을 예견한다. 그 결과로 홉스는 인간이 "만인의, 만인에 대한 투쟁 상태"인 자연 상태(무질서)를 극복하고자 계약을 통해 하나의 정치사회, 즉 국가(질서)를 만들었다고 주장하는 것이다.

스미스는 이렇게 말했었다. 덕성은 사회질서를 촉진시켜주며, 악덕은 사회의 무질서를 초래한다고. 그리고 덕성은 아름다움을, 악덕은 추함을 초래한다고. 마찬가지로 홉스에게 국가의 탄생이란 추함을 버리고 아름다움을 추구하려는 인간본성, 즉 자기애에서 비롯된다고 할 수 있다. 인간사회는 이렇게 불쾌한 감정을 제거하고 유쾌한 감정을 추구해가는 방향으로 나간다.

홉스처럼 자기애로부터 인정의 원리를 도출하는 도덕철학체계와의 연관성 속에서 스미스는 인간사회의 모습과 덕성의 역할을 다음과 같이 정리한다.

"인간사회는 어떤 추상적이고 철학적인 관점에서 고찰할 경우, 규칙적이고 조화로운 운동이 수많은 유쾌한 결과들을 만들어내는 하나의 위대하고 거대한 기계처럼 보인다. 인간기술의 산물인 아름답고 고귀한 어떤 기계에서 그 운동을 더욱 부드럽고 쉽게 해주는 경향을 가진 것은 그것이 무엇이든 모두 이 결과에서 아름다움을 이끌어낸다. 하지만 반대로 이 운동을 방해하는 경향을 가진 것은 그것이 무엇이든 모두 이러한 이유에서 불쾌한 감정을 줄 것이다.

이와 마찬가지로 덕성은 이를테면 사회의 수레바퀴에 바르는 윤활유로서 필연적으로 우리를 즐겁게 해주며, 반면에 악덕은 나쁜 녹처럼 사회의 수레바퀴들이 서로 부딪쳐 삐걱거리게 만들기 때문에 필연적으로 우리를 불쾌하게 한다. 따라서 인정과 부인의 원리를 홉스처럼 자기애에 기반한 사회질서의 고려로부터 찾는 한, 앞서(4부, 2장) 설명한 바 있는 효용성에 아름다움을 부여하는 원리와 합류하게 되고, 그 원리로부터 이 체계가 지니는 가능한 모든 표현들을 얻게 된다."(7부, 3편, 1장)

| 자기애와 공감 |

홉스와 그의 추종자들이 야만적이고 고독한 삶에 비해 문명화된 사회적 삶이 가지는 수많은 이점들을 기술할 때, 그리고 문명화된 사회적 삶의 유지를 위해 덕성과 좋은 질서의 필요성을 상세히 설명하면서 법에 대한 불복종과 악덕의 유포가 얼마나 야만적이고 고독한 삶을 부활시키는지를 보여줄 때, 사람들은 그 광경에서 비롯되는 신기함과 웅장함에 매혹되어 덕성으로부터는 새로운 아름다움을, 악덕으로부터는 새로운 추함을 발견한다. 그들은 그때까지 이 아름다움과 추함을 결코 알지 못했었다.

또 다른 한편으로 우리가 자기애로부터 사회의 복지에 대한 관심과 덕성에 대한 존중을 도출할 때, 홉스와 그의 추종자들은 우리의 감정이 누군가로부터 받게 되는 이익이나 입게 되는 손해의 관념에 의해 영향 받는다는 것을 말하려 했던 것은 아니다. 그들에 따르면, 우리가 덕성스러운 성격을 존중하고 무질서한 성격을 비난하는 이유는 먼 과거의 시대나 멀리 떨어진 사회의 번영과 멸망이 오늘날 우리의 행복이나 불행에 어떤 영향을 미치는 것으로 이해되기 때문이 아니다. 하지만 그들은 우리가 먼 과거의 시대나 멀리 떨어진 나라에서 살았다면 우리에게 미쳤을지도 모르는 이익이나 손해에 의해, 또한 우리가 현 시대에 똑같은 종류의 성격들을 접하게 될 경우 우리가 받을 수도 있는 이익이나 손해에 의해 우리의 감정이 영향을 받는다고 생각한다.

요컨대 스미스는 홉스와 그를 추종하는 철학자들이 결코 명확하게 규명할 수 없었던 관념이 있다고 본다. 그 관념이란,

> "(…) 서로 대립되는 성격에서 초래되는, 이익을 얻거나 손해를 보는 사람들의 감사나 분노에 대해 우리가 느끼는 간접적인 공감이다. 우리의 갈채나 분노를 유발하는 것은 우리가 무엇을 얻었거나 상실했다는 생각이 아니다. 만약 우리가 그와 같은 사람들로 구성된 사회에서 함께 행동한다면, 우리가 얻거나 상실할지도 모르는 것에 대한 개념이나 상상이라고 그들(홉스와 그의 추종자들)이 말하면서 불분명하게 지적하고 있었던 것이 바로 이 간접적인 공감이다."(7부, 3편, 1장)

스미스가 여기서 '간접적 공감'이라는 도덕감정을 언급하는 까

닮은 인정의 원리를 자기애에서 찾고 있는 철학자들을 비판하기 위함이다. 스미스는 어떤 의미에서든 공감이 이기적인 원리로 간주될 수는 없다고 주장한다. 물론 누군가의 슬픔과 분노에 공감을 표할 때, 그 감정은 자기애에 그 토대를 두고 있다고 여겨질 수도 있을 것이다. 이는 타인의 처지에 자신을 가져다 놓고, 유사한 상황에서 무엇을 느끼게 될지 상상함으로써 생겨나는 감정이기 때문이다. 공감이 상상 속에서 당사자와 처지를 바꾸어 놓음으로써 생겨난다는 것은 매우 적정한 것이다.

하지만 스미스는 여기서 논의를 그치지 않는다. 그는 역지사지의 상황을 이렇게 본다.

> "이 상상에 의한 입장 전환은 아직 나 자신의 몸과 성격 속에서의 내가 아니라, 내가 공감하는 사람의 몸과 성격 속에서의 나에게 일어난다고 가정되고 있다."(7부, 3편, 1장)

설명하자면, "상상에 의한 입장 전환" 속에서 일어나는 공감의 성격은 상대방에 의해 일어나는 감정이지 내 자신 때문에 일어나는 감정이 아니라는 의미다. 공감은 타인에 대한 배려와 그 행위의 적정성에 대한 인정과 동포감정으로 인해 발생하는 것이기에 결코 이기적인 열정이 아닌 것이다. 스미스는 다음과 같은 예를 들며 부연한다.

> "당신이 외아들을 잃은 데 대해 내가 당신을 위로할 경우, 내가 당신

의 슬픔에 동참하기 위해서 현재의 성격과 직업을 가진 구체적인 인물로서의 내가, 만약 나에게 한 아들이 있는데, 그 아들이 불행하게 죽게 된다면 어떤 고통을 당할 것인가 하고 생각하는 것은 아니다. 내가 정말로 당신이라면, 그리고 내가 당신의 처지뿐만 아니라 몸과 성격까지도 바꾼다면, 내가 어떤 고통을 느끼게 될 것인지를 생각하는 것이다. 그러므로 내 슬픔은 전적으로 당신 때문이지 나 때문이 아니다. 따라서 이 경우에 슬픔은 결코 이기적인 것이 아니다. 나 자신, 즉 고유한 몸체와 성격을 가진 존재로서의 나 자신에게 닥쳤거나 관련된 것이라는 상상에서 생겨나는 감정이 아니라, 전적으로 당신과 연관된 것과 관련해서 생기는 감정을 어떻게 이기적인 열정이라고 간주할 수 있단 말인가?"(7부, 3편, 1장)

자기애로부터 인정의 원리를 도출한다는 건 인간본성에서 비롯되는 공감이라는 도덕감정을 제대로 이해하지 못한 것이라 스미스는 생각한다. 인정의 원리를 자기애에서 찾고 있는 철학체계가 가진 분명한 한계가 바로 여기에 있다.

인정의 원리를 이성에 둔 도덕철학체계

| 홉스 |

인정의 원리를 자기애에서 이끌어낸 홉스의 교의는 다음과 같은 내용에서 출발한다. 자연 상태는 전쟁 상태, 즉 만인의, 만인에 대한

투쟁 상태이며, 사회가 들어서기 전에는 인간들 사이에 안전하고 평화로운 사회가 존재할 수 없었다. 그의 교의에 따르면, 사회를 보존하는 것은 시민정부를 지지하는 것이고, 시민정부를 파괴하는 것은 사회 상태를 종료시키는 것과 같다.

하지만 시민정부의 존재는 최고 통치자에게 바쳐지는 순종에 달려 있다. 그가 자신의 권위를 상실하는 순간, 모든 통치는 종결된다. 자기보존의 원리가 인간에게 사회복지를 증진시키는 경향에 박수를 보내고, 이를 해치는 경향이 있는 것에 대해 비난할 것을 가르치듯이, 마찬가지로 이 원리는 시민정부의 통치자에게 복종하고, 모든 불복종과 반란에 대해서는 비난할 것을 가르쳐야 한다.

따라서 칭찬받아 마땅한 것과 비난받아 마땅한 것에 대한 이념은 복종과 불복종에 관한 이념과 같다. 그러므로 시민정부 통치자의 법은 정당성 그리고 옳고 그름이 무엇인가에 대한 유일하고도 궁극적인 척도로 간주돼야 한다.

홉스가 진정 의도했던 바는 인간의 양심을 교회의 권력이 아니라 시민의 권력에 직접적으로 예속시키는 것이었다. 그는 사회 혼란의 주된 원천이 교회 권력의 교란과 야심에 있다고 보았기 때문에 신학자들로부터 거센 공격을 받았다. 또 다른 한편으로는 옳고 그름 사이에 자연적 구분이 존재하지 않으며, 그것은 무상하고 가변적인 것이라 가정했기 때문에 건전한 도덕주의자들로부터도 공격을 받았다.

이처럼 불쾌한 학설을 논박하고자 한다면, 모든 법이나 실제적인 제도에 앞서 정신은 일정한 행위와 감정 속에서는 옳고 칭찬할 만한 덕성스러운 자질을 구분하고, 또 다른 행위와 감정 속에서는 그리고 비난받을 만한 악덕의 자질을 식별해내는 능력을 천부적으로 부여받았다는 점을 입증할 필요가 있다.

커드워스[58](Ralph Cudworth, 1617~1688) 박사는 법이 이러한 구분의 본래적인 원천이 될 수 없다고 지적했다. 따르는 것이 옳고, 따르지 않는 것이 그른 법은 덕성과 악덕의 원천이 될 수 없다. 왜냐하면 이는 옳고 그름에 관한 선행적인 관념이나 이념들을 전제하기 때문이다.

따라서 모든 법에 앞서 정신이 덕성과 악덕의 구분에 대한 관념을 가지고 있다면, 필연적으로 다음과 같은 결론이 도출될 듯하다. 정신은 이 관념을 이성에서 이끌어내며, 이성은 진실과 거짓의 차이를 지적하는 것과 동일한 방법으로 옳음과 그름의 차이를 지적해준다는 내용이다. 스미스는 이러한 결론에 대해 한편으로는 진실하지만, 다른 한편으로는 성급하다고 생각한다. 즉 이 결론은,

> "인간본성에 관한 추상적 과학이 겨우 유년기에 있었을 때, 그리고 인간정신의 다른 능력들이 지니는 확연하게 구분되는 직무와 능력들이 면밀하게 검토되고 상호 구분되기 이전에, 더욱 쉽게 수용될 수 있었다."(7부, 3편, 2장)

홉스와의 이러한 논쟁이 최고조로 달아올랐을 당시 유행했던 학설은 덕성과 악덕의 본질이 인간행동이 뛰어난 사람의 법과 일치하느냐 불일치하느냐에 있는 것이 아니라, 이성과 일치하느냐 불일치하느냐에

있었다. 이렇게 이성은 인정과 부인의 본원적인 원천으로 간주됐다.

여기서 잠시 인간의 이성에 관한 지성사적 맥락을 한번 되짚어 보자. 인간이성의 위력에 대한 신념은 17~18세기 프랑스 계몽주의 시기인 이른바 이성의 시대에 정점에 도달한다. 당대의 사상가들은 종교적 독단과 믿음에서 벗어나 자기 사상을 합리주의적인 사고에 입각해 설명했다.

이성에 대한 신뢰와 합리주의는 계속해서 19세기 자유주의 사상과 사회주의 정치이념에서도 나타난다. 예컨대 존 스튜어트 밀과 같은 자유주의 사상가들은 인간이 합리적이고 이성적 존재라는 관점에서 자신의 사상을 전개해나가고 있다. 그는 인간이 이성의 인도를 받아 행복과 자아실현을 추구하는 존재라고 말한다.

그런데 스미스는 바로 이러한 이성을 바탕에 둔 합리주의에 대해 전폭적인 지지를 보내지 않는다.[59] 인간행위의 적정성과 상호작용과 관련해서 그에게 무엇보다 중요했던 건 인간의 '감정'[60]이었기 때문이다.

| 인간의 이성 |

물론 스미스가 인간행동과 정의의 일반규칙을 형성함에 있어서 이성이 기여하는 역할을 전적으로 부정하는 건 아니다. 이성은 분명 사회 속에서 생활하는 인간이 갖추어야 할 덕목이기도 하다. 같은 맥락에서 그의 논의를 좀 더 살펴보자.

"덕성이 이성과의 일치에 있다는 점은 몇몇 지점에서 진실한 것이

『백과전서』에 수록된 권두화

18세기 계몽사상가들에 의해 편찬된 28권짜리 『백과전서Encyclopédie』는 이성과 계몽의 시대, 그 자체를 상징한다고 볼 수 있다. 그림은 이 『백과전서』 제1권인 '진리편'의 권두화로서, 중앙에 베일을 써서 얼굴을 감추고 있는 여신이 진리를 상징한다. 그에게서 뿜어져 나오는 빛이 어두운 구름을 쫓아내고 있음을 볼 수 있는데, 여기서 진리의 빛은 바로 이성과 일맥상통한다.

다. 그리고 이 능력은 어떤 의미에서 인정과 부인의 원천이자 원리로서, 또한 옳음과 그름에 관한 모든 견고한 판단의 원천이자 원리로서 매우 정당하게 간주될 수도 있을 것이다. 이성에 의해 우리는 우리의 행위를 규제해야 할 정의의 일반규칙들을 찾아낸다. 그리고 이와 동일한 능력을 통해 우리는 무엇이 신중한 것이고, 무엇이 품위 있는 것이며, 무엇이 관대하고 고상한 것인가에 대한 더 막연하고 불확정적인 관념들을 만들어낸다. 우리는 이러한 관념들을 항상 몸에 지니고 다니며, 또한 이 관념들에 맞추어 우리의 행동방침을 세우려고 최대한 노력한다."(7부, 3편, 2장)

인간은 다양한 사례들 속에서 무엇이 자신의 도덕적 능력을 즐겁게 하거나 불쾌하게 하는지, 또한 이 도덕적 능력이 무엇을 인정하거나 부인하는지 관찰한다. 그리고 이러한 관찰에서 얻은 '경험'과 그로부터의 '귀납'에 의해 도덕의 일반적 규칙들을 확립한다.[61] 이때 귀납은 이성이 항시 행하는 다양한 작용 중 하나이다. 따라서 이성으로부터 모든 일반적 행위규칙과 관념들을 이끌어낸다고 말하는 것은 적정한 생각이다. 옳음과 그름에 관한 인간들의 가장 견고한 판단은 이성의 귀납으로부터 나온 행위규칙과 관념에 의해 조절되기 때문에, 덕성은 이성과의 일치에 있다는 점, 그리고 이성이 인정과 부인의 원천이자 원리라는 점 등은 그 타당성을 가질 수도 있을 것이다.[62]

하지만 스미스는 인정이나 부인의 원리를 전적으로 인간이성에서 찾는 견해에 대해서만큼은 그리 호의적이지 않다.

"그러나 이성은 어느 특정한 대상을 그 자체로 정신에 대해 쾌적하거나 불쾌한 것으로 만들 수는 없다. 물론 이성은 이 대상이 본래부터 유쾌하거나 불쾌하게 하는 성질을 지니는, 다른 어떤 대상을 획득하기 위한 수단이라는 점을 보여줄 수는 있다. 또한 같은 방법으로 한 대상을 다른 어떤 대상을 위해 쾌적하거나 불쾌한 것으로 만들 수도 있다. 하지만 직접적인 감각과 느낌에 의해 쾌적하거나 불쾌하게 되지 않고서 그 자체로 그렇게 될 수 있는 것은 아무것도 없다.

따라서 모든 개별적인 사례에서 덕성이 그 자체로서 필연적으로 마음을 유쾌하게 만들고 악덕은 확실히 마음을 불쾌하게 만든다면, 이런 방식으로 우리를 덕성과 조화시키고 악덕으로부터 격리시키는 것은 이성일 수 없다. 그것은 직접적인 감각과 느낌일 수밖에 없다."(7부, 3편, 2장)

종합하자면, 어떤 일반적 규칙들이 그 기초를 두고 있는 여타의 모든 실험들과 마찬가지로, 스미스는 그 최초의 지각들을 이성의 대상이 아니라 '직접적인 감각과 느낌'의 대상으로 본다.

쉬운 예로 쾌락과 고통을 떠올려보자. 이것들은 욕구와 혐오라는 직접적인 감각과 느낌의 대상들로서, 이성을 통해 구별될 수 있는 성질의 것이 아니다. 따라서 만일 덕성이 그 자체로서 바람직하고, 악덕이 마찬가지 방식으로 혐오의 대상이 된다면, 이렇게 서로 다른 자질을 본원적으로 구별하는 것은 이성일 수는 없으며, 직접적인 감각과 느낌일 수밖에 없다.

인정의 원리를 감정에 둔 도덕철학체계

스미스는 인정의 원리가 감정에 있다고 보는 도덕철학체계를 두 가지로 나눠 논의한다.

먼저 인정의 원리가 어떤 특수한 본성을 가진 감정, 즉 어떤 행위나 감정들을 대할 때 정신에 의해 발휘되는 특정한 지각능력에 기초를 둔 경우이다. 행위나 감정들 가운데 어떤 것들은 이 지각능력에 유쾌한 방식으로, 또 다른 것들은 불쾌한 방식으로 영향을 미친다. 그리하여 유쾌한 방식으로 영향을 미치는 행위나 감정들은 칭찬받을 만하고 덕성스러운 성격을, 불쾌한 방식으로 영향을 미치는 것들은 악덕한 성격을 낳인 받는다. 이 감정은 다른 모든 것과 구별되는 하나의 특수한 성질을 갖고 있으며, 특정한 지각능력의 결과이기 때문에, 특정한 명칭이 부여되고 '도덕감각'으로 지칭된다.

하지만 이러한 견해를 반대하는 또 다른 입장에 따르면, 인정의 원리를 설명하는 데 아예 새로운 지각능력을 상정할 필요가 없다. 이 입장에 있는 사람들은 자연이 인정의 원리와 관련해 가장 엄격한 경제성을 가지고 행동하며, 하나의 동일한 원리로부터 수많은 효과를 만들어낸다고 상상한다. 그리고 항상 주목받아왔으며, 또한 정신이 분명하게 부여받은 역량인 '공감'이 이 특수한 능력에 귀속되는 모든 효과들을 설명하기에 충분하다고 생각한다.

| 허치슨과 도덕감각 |

스미스의 스승이었던 허치슨은 『덕성에 관한 연구』에서 인정의 원

리가 자기애에도, 이성의 작용에도 그 기초를 두고 있지 않다는 점을 보여주고자 했다. 그리하여 인정의 원리가 하나의 특정하고 중요한 효과인 도덕감각을 만들어내기 위해 자연이 인간정신에 부여한 특수한 종류의 능력을 상정했다. 이 새로운 지각능력이 바로 '도덕감각'이었다. 그는 이것을 외적 감각과 어느 정도 유사한 것으로 상정했다. 그리고 인간정신의 다양한 감정들도 이 특정한 능력을 촉발함으로써 호감을 주는 것과 혐오스러운 것, 덕성스러운 것과 사악한 것, 옳음과 그름이라는 서로 다른 자질들을 가지고 있다고 생각했다.

또한 허치슨은 『열정과 감정들에 대한 에세이』에서 인간정신이 관념들을 이끌어내는 감각과 지각능력들로서 서로 다른 두 가지가 존재한다고 주장한다. 그 하나는 직접적이거나 선행적인 감각들이며, 또 다른 하나는 반성적이거나 결과적인 감각들이다.

> "직접적 감각은 다른 어떤 것에 대한 선행적 지각을 전제하지 않는 종류의 사물들에 대해 지각을 정신이 이끌어내는 능력들이다. (…) 소리와 색깔은 직접적 감각의 대상이다. 어떤 소리를 듣거나 어떤 색깔을 보는 것은 다른 자질이나 대상에 대해 선행적인 지각을 전제하지 않는다."(7부, 3편, 3장)

> "반성적 감각은 다른 어떤 것에 대한 선행적인 지각을 전제하는 종류의 사물들에 대해 지각을 정신이 이끌어내는 능력들이다. (…) 조화와 아름다움은 반성적 감각의 대상들이다. 어느 한 소리의 조화나

어느 한 색깔의 아름다움을 지각하기 위해 우리는 먼저 그 소리나 색깔을 지각해야만 한다. 도덕감각은 바로 이러한 종류의 능력으로 생각된다."(7부, 3편, 3장)

허치슨에 따르면, 로크가 인간정신의 다양한 열정과 가정들에 대해 단순한 이념들을 이끌어내는 '반성' 개념은 직접적인 내적 감각에 해당한다. 반면 우리가 다양한 열정과 감정들의 아름다움과 추함, 덕성과 악덕을 지각하는 능력은 반성적인 내적 감각이다.

스미스가 보건대, 허치슨은 이 학설이 자연과의 유비에 적합하며, 정신은 도덕감각과 정확하게 유사한 다른 다양한 반성적 감각들을 부여받았다는 점을 들어 이 학설을 지지했다. 이러한 반성적 감각들로는 외적 대상들에 있어서 아름다움과 추함에 대한 감각, 동포의 행복이나 불행에 공감할 때 가지게 되는 공적인 감각, 수치와 명예에 대한 감각, 그리고 비웃음에 대한 감각 등을 들 수 있다.

하지만 허치슨 스스로가 인정하고 있듯이, 어떤 감각 대상에 속하는 자질을 그 감각 자체에 귀속시키는 것은 상당히 불합리한 생각이다. 도대체 누가 시각을 검거나 희다고 부르고, 청각을 높거나 낮다고 부르며, 미각을 달거나 쓰다고 부르는 것을 생각해냈는가? 나아가 허치슨은 인간의 도덕적 능력에 대해 덕성이나 악덕이라고 지칭거나 도덕적으로 선하거나 악하다고 언급하는 것도 마찬가지로 불합리하다고 말한다. 이러한 자질들 역시 그러한 능력의 대상에 속하는 것일 뿐, 능력 자체에 속하지는 않기 때문이다.

허치슨의 이러한 입장에 대해, 스미스는 다음과 같이 예를 들며 자신의 논의를 편다.

한 오만한 폭군이 명령한 부당하고 야만적인 처형을 구경하면서 감탄하고 박수치는 구경꾼을 우리가 보고 있다고 치자. 우리는 그 구경꾼의 행위를 최고로 악덕하며 도덕적으로 사악한 것이라 부른다. 하지만 정작 우리가 커다란 불합리를 범하고 있다고 생각하진 않는다. 그를 바라보면서 정작 우리는 고통 받는 사람에 대한 공감은 잊어버린 채, 저주스럽고 비열한 인간에 대한 생각으로 공포와 혐오만을 느낄 뿐이다. 그런 나머지 우리는 폭군보다 그 구경꾼을 더 혐오하게 될 것이다.

더구나 그 폭군은 질투, 공포 그리고 분노라는 '강렬한 열정들'이 원인이 되어 그러한 행위를 하도록 부추겨졌기 때문에 비열한 구경꾼보다 더 쉽게 용서받을지도 모른다. 하지만 구경꾼의 감정에 대해서는 어떤 근거나 동기조차 없기 때문에, 그의 감정들은 가장 완전하고 철저하게 혐오할 만한 것으로만 보인다.

이러한 종류의 감정 도착倒錯은 인간의 마음이 함께하기 싫어하고, 증오와 분개로써 거부해야 할 대상이다. 스미스는 이런 도착현상에 대해 다음과 같이 판단한다.

"우리는 이러한 정신 상태에 대해 그저 낯설거나 불편한 것으로서, 그리고 어떤 점에서도 악덕하거나 도덕적으로 사악한 것이 아니라고 간주하기보다는, 도리어 도덕적 타락의 최종적이며 가장 무시무

시한 단계로서 간주해야만 한다."(7부, 3편, 3장)

이와는 반대로, 올바른 도덕감정들은 당연히 칭찬받을 만하며 도덕적으로 좋은 것처럼 보인다. 또한 최대의 정확성으로써 대상의 가치와 무가치함에 어울리게 칭찬과 비난을 하는 사람도 어느 정도 도덕적 인정을 받을 만한 가치가 있다. 이때 우리는 그의 도덕적 감정들의 섬세한 정확성에 경탄하기도 한다.

덕성은 감정의 섬세함과 동시에 정신적 습관과 결의를 필요로 한다. 감정의 섬세함이 최고조인데 후자가 부족해져버릴 때가 가장 불행한 순간이라고 스미스는 말한다. 그럼에도 불구하고 스미스는 정신의 이러한 성향이 때로는 불완전성을 동반하기는 하지만, 범죄적인 것과는 양립하지 않는다고 본다.

| 인정과 부인 |

비록 인정의 원리가 여러 모로 외적인 감각과 비슷한 지각능력에 기초하고 있지 않다고 해도, 특정한 목적에만 부합하는 특수한 감정에 여전히 기초를 두고 있다. 그러므로 인정과 부인은 다양한 성격과 행위들을 접하게 될 때, 마음속에서 일어나는 일정한 느낌이나 감정일지도 모른다. 분노는 침해에 대한 감각이고 감사는 은혜에 대한 감각인 것처럼, 이 감각들 역시 옳음과 그름에 대한 감각이나 도덕감각으로 지칭될 수 있는 것이다.

하지만 사물들에 대한 이러한 설명은 반박하기 어려운 또 다른 반대들에 노출된다고 스미스는 주장한다. 그 첫 번째 반대는 이렇다.

> "어떤 특정한 감정은 그것이 아무리 다양하게 변할지라도, 그것을 그런 종류의 감정으로 구분해주는 일반적인 특징들을 여전히 보존한다. 그리고 이 일반적 특징들은 특정한 감정이 특수한 경우에 겪을지도 모르는 어떤 변화보다 항상 더 두드러지고 주목받는다."(7부, 3편, 3장)

예컨대 남자에 대한 노여움은 여자에 대한 노여움이나 어린아이에 대한 노여움과는 서로 다르다. 즉, 노여움이라는 일반적 열정은 그 대상들의 특정한 성격들 때문에 서로 다르게 변형돼 나타난다. 그러나 이러한 열정의 일반적 특징들은 모든 경우를 여전히 지배한다. 이 일반적인 특징들을 구분하는 데는 어떤 세심한 관찰도 필요 없다.

이에 반해 그 변화를 관찰하려면 섬세한 주의가 필요하다. 예컨대 감사와 분노와 마찬가지로, 인정과 부인이 다른 모든 감정들과 구별되는 특정한 종류의 감정이라면, 그들 가운데 어느 것이 겪을 수 있는 모든 변화에서 이것이 그러한 유형의 감정으로 명료하게 쉽사리 구분되도록 표시되는 일반적인 특징을 그대로 갖게 되리라고 우리는 기대할 것이다. 하지만 실제로는 이와는 전혀 다른 일이 발생한다고 스미스는 말한다.

> "우리가 인정하거나 부인하는 서로 다른 경우에 대해 실제로 어떻게 느끼는가에 주목한다면, 어느 한 경우에서 우리의 감정은 다른 경우에서의 감정과는 종종 완전하게 다르며, 이들 사이에 어떤 공통

의 특징도 발견할 수 없다는 점을 알게 될 것이다. 그러므로 우리가 상냥하고 섬세하며 인간적인 감정을 바라볼 때 지니는 인정은, 위대하고 용감하며 도량이 넓은 것처럼 보이는 감정과 마주쳤을 때 우리가 지니는 인정과는 매우 다르다."(7부, 3편, 3장)

이 두 가지 경우에 관한 우리의 인정은 각각의 상황에서 완전무결하다. 하지만 스미스는 전자의 인정에서는 차분함을 느끼고, 후자의 인정을 통해서는 감정이 고양된다고 말하면서도, 그것들이 내부에서 자극하는 감정들 간에는 어떤 종류의 유사성도 존재하지 않는다고 단언한다. 왜냐하면 우리의 인정은 상반되는 감정들에 대한 '공감'에서 발생하기에, 우리가 전자의 경우에 느끼는 것과 후자의 경우에 느끼는 것은 그 어떤 종류의 유사성도 가질 수가 없기 때문이다. 부인의 원리와 관련해서도 이 설명은 유효하다. 예컨대 잔혹함에 대한 공포는 비열함에 대한 경멸과 그 어떤 종류의 유사성도 갖지 않는다.

두 번째 반대는 이렇다. 인정되거나 부인되는 마음속의 서로 다른 열정이나 감정이 도덕적으로 선하거나 악하게 보일 뿐만 아니라, 적정하거나 부적정한 인정도 우리의 자연적 감정 안에서는 동일한 성격으로 보인다는 것이다. 그래서 스미스는 허치슨의 철학체계를 받아들일 때, 적정하거나 부적정한 인정을 우리가 어떻게 인정하거나 부인하게 되는가에 대한 질문이 제기되리라고 본다. 그리고 이 질문에 대한 합당한 대답은 하나밖에 없다고 생각한다.

"우리의 이웃이 제삼자의 행동을 보고 갖게 되는 인정이 우리 자신의 그것과 일치할 때, 우리는 그의 인정에 대해 인정하고 또한 그것을 어느 정도 도덕적으로 좋은 것으로 간주한다. 반대로 그 인정이 우리 자신의 감정들과 일치하지 않을 때, 우리는 그것을 부인하고 또한 그것을 어느 정도 도덕적으로 나쁜 것으로 간주한다고 말할 것임에 틀림없다. 따라서 적어도 이 한 가지 경우에 있어서는 관찰자와 피관찰자 사이에 감정의 일치나 대립이 도덕적 인정이나 부인을 구성한다는 사실은 용인될 것임에 틀림없다."(7부, 3편, 3장)

지금까지의 내용을 종합하자면, 스미스는 인정이나 부인의 감정들을 설명하기 위해 하나의 새로운 지각능력을 상정하는 것에 반대한다. 그리고 인정의 원리가 다른 모든 감정과 독특하게 구별되는 하나의 특수한 감정에 의존한다고 보는 설명에 대해서도 반대한다. 그가 주안을 둔 곳은 바로 도덕감정인 공감이며, 이를 보다 구체화하여 사람들이 어떤 성격이나 행위를 인정할 때 느끼는 감정들이 다음의 네 가지 원천에서 비롯된다고 적고 있다.

"첫째, 우리는 행위자의 동기에 공감한다. 둘째, 우리는 그의 행위로부터 혜택을 받는 사람들의 감사하는 마음에 공감한다. 셋째, 우리는 그의 행동이 이상의 두 가지 공감이 일반적으로 준수하는 일반규칙들과 일치한다는 점을 관찰한다. 마지막으로 우리가 이러한 행위들이 개인이나 사회의 행복을 증진시키는 경향을 가진 행위체계의 일부를 구성하는 것으로 간주할 때, 그것들은 이러한 효용으로부터 아름다움을 이끌어내는 것처럼 보이는바, 그 아름다움은 우리가 잘 고안된 어떤 기계에 귀속시키는 그것과 다르지 않는 것이다."(7부, 3편, 3장)

| 결론 |

스미스는 특수한 종류의 능력이나 새로운 지각능력—예컨대 허치슨이 언급한 바인 도덕감각—에서 인정의 원리를 찾으려는 철학체계에 강하게 반대하면서 자신의 견해를 정리한다.

"(…) 나는 공감이나 반감과 혼합되지 않고, 감사나 분노와 혼합되지 않으며, 어떤 확립된 원칙에 대한 어떤 행위의 일치나 불일치의 지각과 혼합되지 않고, 끝으로 생명체뿐 아니라 무생물이 불러일으키는 아름다움과 질서에 대한 일반적 취향과 혼합되지 않으면서 이 원리가 단독으로 발휘됐다는 근거로서 인용된 그 어떤 사례도 들어보지 못했다."(7부, 3편, 3장).

스미스는 자기애, 허치슨의 도덕감각 그리고 이성이 아니라, 감정과 직접적인 감각과 느낌으로부터 인정의 원리를 찾는다. 예컨대 루소가 공동체를 구성함에 있어서 '연민'이란 감정을 강조한 것처럼, 스미스도 행위의 적정성에 대한 인정의 차원에 있어서 인간본성에서 유래하는 도덕감정들이 가장 중요한 요소임을 강조하고 있는 것이다.

제2차 세계대전 종결과 함께 지구는 사회주의와 자본주의라는 두 대립적인 체제로 양분됐다. 두 체제는 정치·경제·문화 그리고 군사적 차원에서 치열한 경쟁을 벌이며 자신들만의 체제를 정당화해 왔다. 그런데 1980년대 말 실존 사회주의국가들의 소요사태와 더불어 사회주의체제에 변화의 조짐을 보이기 시작했고, 1990년대 독일의 통일과 소련의 붕괴로 이 체제는 붕괴해버린다. 이후 새로운 정치지형이 형성됐고, 이는 지구화(글로벌화)라는 단어로 자신을 치장한다. 역사의 승리자로 자본주의가 전면에 나서는 순간이었다. 자본주의는 신자유주의와 결합하면서 현실을 공고히 했고, 그 기세는 지금까지도 등등하다.

　물론 신자유주의적(혹은 신보수주의적) 자본주의체제가 사회주의체제의 붕괴에 맞춰 등장한 건 아니다. 1970년대 석유파동으로 인한 세계경제 불황을 겪으면서 자본주의체제 내에는 신우파—프리드리히 하이에크, 밀턴 프리드만 그리고 로버트 노직 등—가 득세했고, 그들은 불황의 원인을 과도한 복지재정 지출로 꼽으면서 국가 역할의 축소와 불간섭을 강력하게 주장했다. 그 핵심은 '경제는 간섭하지 않을 때 가장 잘 작동한다는 것'이었다.

이들은 인간의 존엄성과 자유를 중요한 가치로 간주하면서, 이것이 가장 잘 실현될 수 있는 환경이 바로 불간섭주의에 입각한 시장경제체제라고 주장했다. 이들에게 중요했던 것은 자본주의체제의 존속 그 자체였다. 여기서 노동자는 이를 유지해주는 하나의 부속품에 불과했다. 이 체제에서 가장 중요한 것은 자본이며, 그래서 모든 것은 자본을 위해 존재하는 수단일 뿐이다.

그런데 이 신우파가 자신의 정신적·이론적 지주로 삼았던 인물이 바로 애덤 스미스였다. 자본주의라는 단어를 떠올리면 애덤 스미스가 생각나고, 애덤 스미스 하면 '보이지 않는 손'에 의한 자본주의가 반사적으로 연결되곤 한다. 이 까닭모를 등치관계 탓에, 애덤 스미스는 오래 전부터 국가불간섭주의자, 시장지상주의자 그리고 자유무역옹호론자, 그 이상도 그 이하도 아니었다.

필자가 이 보잘것없는 책을 집필하게 된 계기 중 하나도 애덤 스미스의 사상이 과연 그러한가에 대한 의문이었다. 거슬러 올라가자면 이 의문은 보다 더 근본적인 문제, 즉 신자유주의적 자본주의 질서가 과연 인간의 존엄성과 자유를 가장 잘 실현시켜주는 경제 질서인가 하는 의문과 맞닿아 있다.

애덤 스미스에 대해 말할 때, 대다수의 사람들은 『국부론』(1776)

으로부터 말머리를 트곤 한다. 경제학자로서의 스미스만을 상기하는 것이다. 그래서 나오는 결론이 보이지 않은 손의 조화에 의한 시장경제의 주창자, 그렇다! 그는 시장경제의 주창자였다. 아니 그의 당대 배경에 입각해 엄밀하게 표현하자면, '상업사회' 옹호론자였다. 하지만 그보다 중요한 사실이 존재한다.

『국부론』이 출간되기 17년 전, '도덕철학자' 애덤스미스는 『도덕감정론』(1759)을 출간한다. 그는 이 책에서 사회질서의 토대로서 인간의 도덕감정에 관해 다룬다. 이는 어떤 도덕감정을 토대로 사회가 구성될 때, 가장 적정한 사회질서를 이룩할 수 있는가 하는 문제의식에서 비롯되는 논의들이다. 그는 '공감'이라는 도덕감정을 논의의 핵심으로 삼아 지렛대로 활용하면서, 인간행위의 적정성과 부적정성 그리고 사회정의의 문제까지 논의를 확장해나간다. 인간과 사회 전반에 걸쳐 당대의 윤리학 담론들을 체계적으로 정리한 것이다.

물론 『도덕감정론』은 사람들에게 『국부론』만큼의 유명세를 얻지는 못했다. 하지만 『도덕감정론』과 『국부론』은 이론적·실천적 연관성을 공유하는, 공식적으로 동일한 철학이 두 형태로 표출된 한 책과 마찬가지다. 『국부론』의 이론적 토대를 형성하는 것이 바로 『도덕감정론』이었기 때문이다. 필자는 이런 전제에 입각해 자본주의의 국부國父라는, 애덤 스미스에 대한 오독과 편견을 바로잡고자 했다.

스미스는 인간행위의 동기가 단지 자기애나 이기심으로 환원될 수 없다고 생각했다. 이기심은 분명 인간행위에 영향을 미치긴 하지만, 그것만으로 인간의 사회적 상호작용을 설명하기에는 한계가 있다. 이를 위해 스미스가 차용한 개념이 '공감'과 '공정한 관찰자'다. 공감은 인간으로 하여금 타자의 입장에서 특정한 상황을 이해하게 만드는 기제로서, 타인에 대한 배려는 이로부터 형성된다.

그 유명한 '보이지 않는 손' 역시 제대로 된 해석의 옷을 입을 필요가 있다. 사실 이 단어는 『도덕감정론』과 『국부론』을 통틀어 단 세 번 사용됐을 뿐이다. 오늘날 경제학자들은 자생적 질서로서 보이지 않는 손의 조화를 단지 시장의 자기조절적 기제로만 수용하고 있다. 하지만 『도덕감정론』을 관통하는 중요한 맥락으로서, 인간행위에는 본원적으로 도덕적 적정성과 부적정성에 대한 인식이 자리 잡고 있음을 잊지 말아야 한다. 이를 바탕으로 해석해보건대 보이지 않는 손의 개념은 행위의 적정성이 전제된 상태에서 일어나는 행위를 의미한다. 즉, 이 개념은 인간의 이기심과 탐욕에 대한 억제 및 절제라는 도덕감정을 담은 사회적 행위의 조정양식이다. 그 원천이 단순히 시장에만 국한된 개념이 아닌 것이다.

이로써 확인되건대, 애덤 스미스는 단순한 자유방임주의자, 시장지상주의자, 최소국가론자가 아니었다. 물론 그는 경제에 관한 한 시장에서의 자유로운 경쟁을 주장하였다. 하지만 여기서 자유로운 경쟁이란 모든 상황들, 즉 인간의 도덕감정과 정부의 역할이 제대로 이행될 경우에 작동하는 경쟁이다. 또한 이것이 제대로 이행되기 위해서는 정치경제적으로 국민과 국가 모두를 부유하게 만드는 목적이 작동해야 한다.

국민과 국가 모두가 부유하게 되고자 한다면, 도덕규칙과 이에 대한 공정한 감시가 뒷받침되어야 한다. 그렇지 않으면 경쟁은 약자에 대한 강자의 약탈을 용인할 게 뻔하기 때문이다. 이때 시장이 이 기능을 제대로 하지 못한다면, 이를 시정하기 위해 국가는 강력하게 개입해야만 한다(물론 '도덕적인' 정부에 의해 작동되는 국가다). 이것이 스미스가 시장과 경쟁에 관련해 말하려던 지점이다. 그리고 필자로서 독자들이 이 책에서 공감해주었기를 바라는 부분이기도 하다.

2016년 가을,
필자

Allan, D. 1993. Virtue, Learning and the Scottish Enlightenment. Edinburgh: Edinburgh University Press.

Berry, Chistopher J. 2001. Social Theory of the scottish Enlightenment. Edinburgh: Edinburgh University Press.

Broadie, Alexander. 2011. The Scottish Enlightenment. Edinburgh: Birlinn.

Bronk, Richard. 1998. Progress and the invisible hand: The Philosophy and Economics of Human Advance. London: Warner Books.

Buchanan, J. M. 1975. The Limits of Liberty—Between Anarchy and Leviathan. Chicago: University of Chicago Press.

_____. 1976. "Public Goods and Natural Liberty." Wilson, Th. and Skinner, A. S.(eds), The Market and The State. Oxford: Clarendon, 271-286.

Butler, Eamonn, 2007. Adam Smith—A Primer. London: The Institute of Economic Affairs.

Elster, Jon. 1989. The Cement of Society: A Study of Social Order. Cambridge: Cambridge University Press.

Ferguson, A. 1966. An Essay on the History of Civil Society(1767). ed. D. Forbes.

_____. 1973. Principles of Moral and Political Science(1769), 2 vols. New York: AMS Press.

Forbes, Duncan. 1954. "Scientific Whiggism: Adam Smith and John Millar." Cambridge Journal, 7, 643-670.

Friedman, M. 1962. Capitalism and Freedom. 최정표 옮김. 1999. 『자본주의와 자유』.

서울: 형설출판사.

Haywood, Andrew. 2013. Politics. London: Palgrave Macmillan. 조현수 옮김. 2014. 정치학—현대정치의 이론과 실천. 서울: 성균관대학교 출판부.

Heilbroner, R. L. 1982. "The Socialization of the Individual in Adam Smith." in History of Political Economy, vol. 14(3), Fall, 427-39.

Heilbroner, Robert L(ed.). 1987. The Essential Adam Smith. London: W.W. Norton & Company.

Hobhouse, L. T. 1911. Liberalism. 김성균 옮김. 2006. 『자유주의의 본질』. 서울: 현대미학사.

Hayek, F. A. 1944. The Road to Serfdom. London: Routdge & Kegan Paul.

_____. 1960. The Constituion of Liberty. London: Routdge & Kegan Paul.

_____. 1973. Law, Legislation and Liberty. vol. I, London: Routdge & Kegan Paul.

_____. 1976. Law, Legislation and Liberty. vol. II, London: Routdge & Kegan Paul.

_____. 1979. Law, Legislation and Liberty. vol. III, London: Routdge & Kegan Paul.

_____. 1978. New Studies in Philosophy, Politics, Economics and the History of Ideas. London: Routledge & Kegan Paul.

_____. 1982. Law, Legislation and Liberty(3 vols. in I). London: Routledge & Kegan Paul.

Hobsbawm, E. 1980. "Scottish Reformers of the eighteenth century and capitalist agriculture." in Hobsbawm, Peasants in History. Calcutta: Oxford University Press.

Hume, D. 1978. A Treatise of Human Nature(1739). L.A. Selby-Bigge(ed.), rev. P.H. Nidditch, Oxford: Clarendon. 김성숙 옮김. 2009. 인간이란 무엇인가. 오성·정념·도덕본성론. 서울: 동서문화사.

_____. 1975. Enquiries Concerning Human Understanding and Concerning the Principles of Morals(1777). third edition, ed. L.A. Selby-Bigge, rev. P.H. Nidditch, Oxford: Clarendon Press.

_____. 1985. Essays Moral, Political, and Literary(1777). ed. Eugene F. Miller, Indianapolis: Liberty Fund.

Macfie, Alec. 1959. "Adam Smith's Moral Sentiments as Foundation for his Wealth of Nations." Oxford Economic Papers, Vol. 11, October, 209-28.

_____. 1961. "Adam Smith's Theory of Moral Sentiments." Scottish Journal of Political Economy, Vol. 8, February, 12-27.

_____. 1971. "The Invisible Hand of Jupiter." Journal of the History of Ideas Vol. 32, 595-9.

Mattick, P. 1971. Marx und Keynes. Frankfurt/M: Europäische Verlagsanstalt.

Medick, H. 1973. Naturzustand und Naturgeschichte der burgerlichen Gesellschaft. Gottingen: Vandenhoeck & Ruprecht.

Medick, H. & Batscha, Z. 1988. Einleitung: A Ferguson Versuch uber die Geschichte der burgerlichen Gesellschaft, Frankfurt am Main: Suhrkamp.

Meek, R. 1954. "The Scottish contribution to Marxist sociology." in J. Saville(ed.), Democracy and the Labor Movement. London: Lawrence & Wishart.

Merton, Robert K. 1976. Sociological Ambivalence and Other Essays. New York: The Free Press.

Mizuta, H. 1975. "Moral Philosophy and civil society." in A. Skinner & T. Wilson(eds.) Essays on Adam Smith.

_____. 1976. "Toward a definition of the Scottish Enlightenment." Studies in Voltaire, 154, 1459-64.

Petsoulas, Christina. 2001. Hayek's Liberalism and its Origin: His Idea of Spontaneous Order and the Scottish Enlightenment. London: Routledge.

Skinner, A. & Wilson, T.(eds.) 1975. Essays an Adam Smith. Oxford: Clarendon Press.

Smith, Adam. 1976a. The Theory of Moral Sentiments(1759). ed. D.D. Raphael and A.L. Macfie, Oxford: Oxford University Press. 박세일·민경국 옮김. 1996. 『도덕감정론』. 서울: 비봉출판사.

_____. 1976b. An Inquiry into the Nature and Causes of the Wealth of Nations(1776). ed. R.H. Campbell, A.S. Skinner and W.B. Todd, Oxford:

Oxford University Press. 김수행 옮김. 2006. 『국부론』(상); 2007. 『국부론』(하). 서울: 비봉출판사.

_____. 1980. Essays on Philosophical Subjects(1795), ed. W. Wightman, Oxford: Oxford University Press.

_____. 1978. Lectures on Jurisprudence. ed. R.L. Meek, D.D. Raphael and P.G. Stein, Oxford: Oxford University Press.

Smith, Craig. 2006. Adam Smith's Political Philosophy. The invisible hand and spontaneous order. London and New York: Routledge.

Streminger, Gerhard. 1995. Der natürliche Lauf der Dinge. Essays zu Adam Smith und David Hume. Marburg: Metropolis.

Sufrin, Sidney C, 1961. "Some Reflections on Hayek's Constitution of Liberty." Ethics vol. 71, PP. 201-4.

Viner, Jacob. 1928. "Adam Smith and Laissez-Faire." Clark, John Maurice. et al. Adam Smith 1776-1926. New York o.J.

도메 다쿠오 지음·우경봉 옮김. 2010. 지금 애덤 스미스를 다시 읽는다. 『도덕감정론』과 『국부론』의 세계. 서울: 도서출판 동아시아.

맹자. 맹가 지음. 안외순 옮김. 2002. 서울: 책세상.

박순성. 2003. 『아담 스미스와 자유주의』. 서울: 풀빛.

박홍기. 2008. 『다산 정약용과 아담 스미스』. 서울: 백산서당.

1) 스미스에 의하면, 사회발전 4단계의 마지막 단계는 분업과 함께 발전하는 상업
사회 또는 상업시대다. 그는 상업사회를 '문명화된', '교화된' 혹은 '세련된' 사회
로 간주한다.

스코틀랜드 계몽주의자들이 상업사회를 보는 관점은 양가적이다. 한편으로는 상
업사회가 가져다주는 혜택에 관해 논의하면서, 다른 한편으로는 이 사회가 초래
하는 단점에 관해 논의한다. 스미스는 상업사회가 가져다주는 '두 가지 위대한
축복'이 '풍요로움과 자유'에 있다고 하면서도, 이 사회가 초래하는 부정적 요소
들, 예를 들어 분업이 초래하는 노동자의 정신적 황폐화에 관해 언급하기도 한
다. 스미스에게 국가의 역할은 이 부정적 요소들을 해결함에 있다.

2) 이데올로기적 관점에서 스코틀랜드 계몽주의에 대한 다음과 같은 해석들이 있
다. 히로시 미쭈타의 견해에 의하면, 계몽(주의) 이념의 기능은 부르주아 사회의
성장 초기 단계에서 부르주아 문명을 정당화하는 것이었다고 한다. 이러한 맥락
에서 스미스도 자신의 도덕철학과 초기 산업자본주의자들의 활동을 정당화했던
정치경제학을 결합시켰다는 것이다. 파스칼, 믹, 홉스바움 등도 스코틀랜드 계
몽주의를 물질적 토대와 이념이라는 역사적 유물론의 입장에서 설명하고 있다.
스코틀랜드 계몽주의자들은 교육받은 엘리트였으며, 또한 경제적 의미에서 중
산계급적 환경에 익숙해져 있었다. 이에 대해서는, Mizuta(1976), Pascal(1938),
Meek(1954), Hobsbaum(1980) 참조.

나아가 메딕은 스미스에게 상업사회의 성장으로 초래되는 사회경제적 불평등은
그 자체로 끝이 아니라, 그의 '문명화된 휴머니즘'과 병행하면서 인간의 행복을
증대시키는 하나의 진보적인 세련화 과정 혹은 정제 과정의 일부라고 주장한다.

이러한 관점에서 그는 스미스의 '자연적 자유'에 대한 교의가 사회적 갈등을 조화롭게 극복시키려는 하나의 이데올로기적 기제라고 본다. 또한 그는 스미스를 프티부르주아 계급의 옹호자로도 간주했다. 이에 대해서는, Medick(1973, 1988) 참조.

3) 『도덕감정론』7부 2편과 3편을 참조. 7부 2편에서는 덕성의 성격에 대한 도덕철학체계 논의에서, 3편에서는 인정의 원리에 대한 도덕철학체계 논의에서 허치슨의 입장을 설명하고 비판한다.

4) 루소의 사회계약설은 홉스와 달리 인간의 본성에 대한 낙관樂觀에서 출발한다. 그는 '고상한 미개인'이라는 관념에 주목했고, 부정의 원천은 인간이 아니라 사회 자체에 있다고 생각했다.

그에게 국가는 사회의 공공이익을 지시하는 '일반의지'에 근거해야 한다. 만약 개인이 사회구성원이 되는 것에 동의했다면, 그 개인은 일반의지를 대변하는 사회의 지배에 구속받아야 한다. 그의 일반의지 개념은 정치적 의무를 위한 하나의 근거이다. 일반의지의 구현체인 국가는 그 구성원들의 진정한 이해관계를 대변하며, 이때 정치적 의무란 자신보다 더 높거나 참다운 자아에 복종하는 수단이라고 볼 수 있다. 하지만 이러한 복종은 동의에 의거하는 정부 이념과 다르다. 예컨대 무지와 이기심에 눈이 먼 시민들은 일반의지가 자신들의 진정한 이해관계를 대변하는지 인식조차 하지 못한다.

따라서 루소는 시민들이 "자유로워지도록 강제되어야 한다"고 생각했다. 다시 말해 시민은 자신의 '진정한 자아'—일반의지의 대변자인 국가—에 복종하도록 강제되어야 한다는 것이다. 루소의 입장에서 개인들이 일반의지보다 자신의 개별적 의지인 사적 의지를 우선시할 경우, 그는 더 이상 자유인이 아니다. 자유로워지고자 한다면, 개인은 그 일반의지에 복종해야만 한다.

5) 스코틀랜드 계몽주의자들도 사회계약설에 반대하는 입장을 취한다.

6) 이들은 '사회 진보'를 단순한 것에서 복잡한 것으로의 발전으로 이해한다. 그 발전 속에서 사회 속 개인은 타인과의 상호의존적 관계를 심화시켜 나간다. 이들에게 '상호의존성'의 개념은 개인이 타인의 협력과 도움을 항상 필요로 한다는 것을 의미한다.

7) 스미스에게 신이란 흔히 말해지듯 종교적 차원에서의 절대신에 국한되는 개념이 아니다. 이는 자연스럽고 도덕적인 본성과 정당성을 의미하는 포괄적인 개념

으로서, 스미스는『도덕감정론』4부 1장에서 부자와 빈자가 '보이지 않는 손'에 의해 토지를 서로 나누어 가질 때 신의 섭리가 작용했기 때문이라고 적는다.

8) 중상주의mercantilism는 15~18세기 상업자본주의 단계에서 유럽 국가들이 채택했던 경제정책과 이를 뒷받침한 경제이론으로, 경제사상사 측면에서 자유로운 무역과 시장경제를 강조하는 고전경제학(고전학파)이 등장하기 전까지 유럽 국가들의 경제정책을 뒷받침했던 이론체계를 가리킨다. 중상주의는 이윤이 생산 과정이 아니라 유통 과정에서 발생한다고 생각했으며, 모든 나라에서 통용되는 금이나 은과 같은 귀금속을 부의 기본으로 보았다. 따라서 초기의 중상주의는 무역을 엄격히 통제해 개별 거래에서 금과 은의 유출을 막고 유입을 장려해 보유량을 늘리려는 중금주의Bullionism를 특징으로 했다.

9) 참고로 스미스에게 많은 영향을 끼친 흄은 자신의 저서『인간본성에 관한 논고』의 2편(정념) 2부(사랑과 미움) 5장에서, 부유하고 권세 있는 사람에 대한 부러움에 대해 이렇게 말한다. "대부분의 경우 어떤 사람의 권력이나 재산만큼 우리의 부러움을 불러일으키는 요인은 없다. 우리가 어떤 사람에게 경멸을 드러내게 만드는 가장 큰 요인은 그의 가난과 비참함이다." 나아가 "우리가 부자에게서 우리에 대한 호의적인 성향을 조금도 발견하지 못했다 하더라도 자연히 부자를 존경하고 부러워한다"고 말한다. 흄에게 '부러움과 경멸'은 '사랑과 증오'와 한 개념으로 간주된다.

10) 스미스는 만년의 저술인『천문학사』에서 '과학'에 대해, 체계화된 지식을 추구하려는 인간의 성향이라는 차원에서 설명해나간다. 그에게 과학의 목적은 지식에 대한 설명과 확장에 있다. 하지만 이는 단지 원인들에 대한 지식이 곧 힘이라는, 베이컨식의 공리주의적 이성을 위한 것이 아니다. 스미스는 감정의 의미 차원에서 과학을 실천하려는 욕구를 설명한다. 또한 그에게 철학은 자연을 연결하고 있는 원리들에 대한 과학이며, 이로써 철학은 삼라만상에 대한 이해와 함께 마음의 안정까지 시도한다. 이때 철학자란 삼라만상을 연결한 고리들을 확인함으로써 인간의 마음을 평정하게 만들기 위해 이론이나 체계를 탐구하는 사람이 된다. Smith, *Essays on Philosophical Subjects*(1795) 참조.

11) 인간의 도덕감정과 배려의 차원에서 스미스와 유사하게 비교해볼 수 있는 동양 사상가로 맹자를 꼽을 수 있다. 그는 인仁, 의義, 예禮, 지知라는 네 가지 덕성을 꼽아, 각각 측은지심惻隱之心, 수오지심羞惡之心, 공경지심恭敬之心 혹은 사양지심

辭讓之心 그리고 시비지심是非之心이라는 사단四端으로 정리했다. 측은지심은 타인을 불쌍하게 여기는 마음이며, 수오지심은 불인함을 부끄러워하고 싫어하는 마음이다. 공경지심 혹은 사양지심은 타인을 공경하고 자신을 겸손하게 여기는 마음이며, 시비지심은 옳고 그름을 판단하는 마음이다. 맹자에게 인은 '사람 그 자체'이며, 일상에서 타인을 배려하지 않는 행위는 자포자기에까지 해당된다.

12) 스미스와 흄이 도덕이나 도덕성을 논의할 때, 이성의 역할은 각각 다르다. 흄은 도덕에서 이성의 역할을 부정한다. 반면 스미스는 도덕성이나 도덕적 과정의 합리화를 강조할 때, 이성의 역할을 인정한다. 스미스는 이렇게 말한다. "사교와 대화는 어떤 경우 마음이 평정을 잃더라도 그것을 되찾기 위한 가장 강력한 구제 수단이며, 자기만족과 기쁨에 필요한 마음의 평온과 행복한 기분을 유지시킬 수 있는 최선의 수단이다."(1부, 1편, 4장)

스미스에게 '공정한 관찰자'는 양심을 의미하며, 또한 '가슴속의 인간'은 이성과 동일시된다. 간단히 말해 도덕성은 인간본성에서 비롯되기는 하지만, 도덕적 행위의 적정성에 있어서는 이성의 작용이 이루어진다고 스미스는 생각하는 것이다. 하지만 흄은 이렇게 말한다. "다만 이성이 우리의 행동과 열정에 전혀 영향을 미칠 수 없다는 점을 인정하는 한, 도덕성이 이성의 영역을 통해서만 발견된다고 하는 것은 쓸모없는 일이다." 또한 그의 논의에 따르면, "이성은 참이나 거짓의 발견이다. 그런데 참이나 거짓은 관념들의 실제 관계 혹은 실제 존재와 사실과의 일치와 불일치에 달려 있다. 따라서 이와 같은 일치와 불일치의 여지가 없는 것은 모두 참이나 거짓일 수 없고, 결코 우리 이성의 대상일 수도 없다. 그런데 명백하게 우리의 열정과 의욕 그리고 행동은 이와 같은 일치와 불일치를 조금도 허용하지 않는다. 이것들은 근원적 사실 혹은 실재이며, 그것 자체로서 완전하고, 그밖에 다른 열정, 의욕 그리고 행동과의 어떤 연관도 전혀 포함하지 않기 때문이다. 따라서 열정, 의욕 그리고 행동은 참 혹은 거짓이라고 선언할 수 없으며, 이성과 상반되거나 부합될 수도 없다."

또한 흄은 이성에 대해 이렇게 말한다. "이성은 어떤 행동에 대해 이의를 제기하거나 인정함으로써 직접적으로 그 행동을 막거나 유발할 수 없으며, 따라서 그 행동을 중단시키거나 유발하는 영향력을 가진 것으로 밝혀진 도덕적 선악을 구별하는 원천일 수 없다." 흄, 김성숙 옮김, 『인간이란 무엇인가: 오성·정념·도덕 본성론』, 3편, 1부, 1절, 동서문화사, 2009 참조.

13) 홉스는 인간을 이기적인 존재로 가정한다. 이러한 가정을 전제로 그는 정치사회 이전의 사회인 자연 상태에 대해 언급한다. 이는 가설적인 국가가 없는 사회의 이미지를 의미한다. 자연 상태에서 인간은 고독하고, 가난하고, 역겹고, 잔인하고, 단명하며, "만인의, 만인에 대한 투쟁 상태" 속에서 생활한다.

이러한 상태에서 보존 욕구를 지닌 인간은 두려워한다. 그래서 개인은 자기 보존을 확실하게 보장받기 위해 자연 상태에서 지닌 자연권을 주권자 혹은 국가에게 양도한다. 이것이 곧 홉스의 사회계약설이다. 사회계약은 국가가 제공하는 안정과 안전에 대한 대가로, 시민은 국가 혹은 정치사회에 복종하고, 국가에 대해 존경심을 표하는 것이다. 그에 따르면, 인간은 열정을 가진 생명체이자 의지와 이성을 가진 존재이다. 따라서 홉스는 이성을 통해 도덕을 복원할 수 있다고 생각했다.

그러나 스미스는 이러한 사회계약설을 수용하지 않는다. 홉스와 스미스의 입장을 대비시키자면, 홉스는 이성에 의한 사회질서의 건설을, 반면 스미스는 인간본성에 내재하고 있는 도덕감정에 의한 사회질서의 건설을 주장했다고 하겠다. 하지만 스미스가 이성의 존재나 역할을 부정한 것은 결코 아니다.

14) 공감이라는 도덕감정은 흄에게도 도덕적 구별의 주요 원천이며, 인정이라는 감정을 주기에 충분한 힘을 가지고 있다. 스미스가 사용하는 공감이나 공정한 관찰자 관념은 흄이 먼저 사용했다. 그는 이미 공감이라는 도덕감정이 인간본성의 한 원리이자 도덕적 판단의 기초라고 생각했다.

15) 정의에 대한 흄의 생각을 좀 더 설명하면 이렇다. 그는 먼저 도덕이 무엇에 대한 판단이라기보다는 무엇에 대해 더 적정하게 느끼는 것이라고 주장한다. 그리고 인간 생활의 많은 부분이 자동적인 반응에 의해서가 아니라 관습들, 즉 규칙이나 고안된 것들에 의해 필연적으로 다스려진다고 본다. 이것들은 발명품이거나 혹은 학습된 반응들로, 이런 맥락에서 모든 덕성들이 자연에서 유래한다고 진술하는 것은 너무 불명확하다.

이 관습 중에서 가장 중요한 것이 바로 정의로, 흄에게 정의는 인위적 덕성이다. 정의는 인간이 단지 제한적인 관대함만을 가지고 있다는 사실, 그리고 부족한 자원들과 마주하게 된다는 사실로부터 필연적으로 발생한다. 그리하여 흄은 보편적 자혜가 이러한 사실에 적합하지 않다는 사실을 받아들인다. 그렇다고 흄이 인간은 단지 이기적이라는 홉스의 입장을 수용한 것은 아니다. 그는 인간의 사회성을 강조한다.

16) 『도덕감정론』에서 지속적으로 강조되듯이, 스미스에게 상호 공감의 욕구는 인간이 근본적으로 사회적 존재라는 점을 드러낸다. "사회 속에서만 생존할 수 있는 인간은 천성적으로 만들어진 상황에 적응하게 된다. 인간사회의 모든 구성원은 서로 도움을 필요로 하며, 마찬가지로 서로에게 상처를 줄 가능성에도 노출되어 있다."(2부, 2편, 3장)

17) '의도하지 않은 결과'에 대한 관념은 스코틀랜드 계몽주의 일반에 나타난다. 하이에크에 따르면, 이 관념은 자생적 질서—예를 들어, 시장—가 사회적 영역에서 의도하지 않은 결과와 과정에 의해 초래된다는 점에서 서로 연관된다. 그는 이 관념을 사회과학 전 영역의 중심 주제로 언급한다. 자생적 질서 차원에서는 그 누구도 초래된 질서를 의도했던 적이 없다. 퍼거슨에 따르면, 초래된 질서는 어떤 기획의 결과가 아니라 단지 인간행동의 결과이다(Ferguson, 2007). 나아가 퍼거슨은 의도하지 않은 결과는 어떤 행동이 분명하게 의도했던 결과와는 다른 결과를 만들어낸다는 관념을 언급한다. 머튼 역시 이 문제를 다룬다. 그에 따르면, 모든 행동은 사회 영역에서 의도하지 않은 결과를 만들어내는데, 왜냐하면 그 행동이 완전하게 예측될 수 없는 상호작용과 반작용들을 필연적으로 수반하기 때문이다(Merton, 1976).

18) 또한 스미스는 『국부론』에서 이렇게 말한다. "부자라고 해서 가난한 이웃보다 더 많은 식량을 소비하지 않는다. 음식에 대한 욕구는 누구든 위胃의 작은 용량에 한정되어 있다. 하지만 건물, 의복, 마차, 가구 등의 편의품과 장식품에 대한 욕구는 무한하고 일정한 한계도 없는 것 같다."(『국부론』, 1편, 11장, 2절) 또한 "사실 개인은 일반적으로 말해, 공공의 이익을 증진시키려 의도하지도 않고, 공공의 이익을 얼마나 촉진하는지도 모른다. (…) 이 경우 그는 (…) 보이지 않는 손에 이끌려 자신이 전혀 의도하지 않았던 목적을 달성하게 된다. 그가 의도하지 않았던 것이라고 해서 반드시 사회에 좋지 않은 것은 아니다."(『국부론』, 4편, 2장)라고 말하기도 한다.

19) 스미스는 "모든 정부의 가장 주요한 목적이 정의의 유지"에 있다면서, 정의를 두 가지 관점에서 설명한다. 첫째가 '정당성' 혹은 '합법성' 차원에서의 '교환적 정의'이며, 둘째가 '사회적 정의' 차원에서의 '분배적 정의'다. 교환적 정의는 "타인의 것에 손대지 않고 행동하도록 적정하게 강제할 수 있는 것은 무엇이든지 자

발적으로 행하게 되는 정의"이며, 분배적 정의는 "자애심과 자신의 것을 적정하게 이용하고, 상황 속에서 적용되기에 가장 적합한 대상에게 자선이나 너그러움의 목적을 적용하는 정의"다.

20) 애덤 스미스가 이 두 저작들을 저술할 때, 스코틀랜드의 상황을 생각해보라. 바야흐로 상업사회가 약동과 확장을 시작하는 시기이다. 이 시점에서 경제에 대한 국가의 부적정한 간섭은 전적으로 배제되어야 한다고 그는 생각했다. 왜냐하면 그것은 인간행동에 부적정한 도덕적 간섭이고, 도덕감정을 지니고 있는 개인과 사회의 발전 그리고 국가의 발전에 해로운 영향을 끼치기 때문이다. 이러한 논의가 확장돼 쓰인 『국부론』은 단지 경제학에 대한 연구에 머무르지 않고, 인간의 삶 자체, 복지, 정치제도 및 법률과 도덕에 관한 인간사회의 심리학 전반을 다룬 포괄적인 저술이다.

21) 하이에크는 인간의 무지 혹은 인간 인식의 불완전성을 토대로 삼아 자신의 이념을 진화적 합리주의로 규정하고, "합리적 행동은 알려져 있고 제시될 수 있는 진리에 의해 전적으로 결정된 행동들을 의미한다"는 데카르트의 구성적 합리주의의 세계관을 비판한다.

22) 프리드먼도 전적으로 하이에크와 동일한 생각을 가지고 있다. 그에게 자유주의는 다음과 같은 내용을 갖고 있는 이념이다. "18세기 후반에서 19세기 초, 자유주의라는 이름 하에 진행되어온 지적 운동은 자유를 궁극적인 목표로 강조했으며, 개인을 사회의 궁극적 실체로 강조했다. 자유주의는 대내적으로 정부의 역할을 감소시키고 개인의 역할을 증대시키기 위한 수단으로, 경제적인 면에서 무간섭주의(laissez faire)를 (…) 지지했다."(Friedman, 1962)

23) 하이에크는 구성적 합리주의자들이 인간 인식의 불완전성 혹은 인간이성의 한계를 망각한 채, 사회질서와 원리가 인간에 의해 '의도적으로' 만들어진 산물이라고 확신했던 부분을, "인간 불행의 주범죄자" 혹은 "과학적 실수"로 규정하고 있다.

24) 이 이론은 공공정책의 의사결정권을 가진 정치인이나 정부 관리가 사인私人과 마찬가지로 '개인의 이익'을 추구한다는 가정에서 출발한다. 그들은 재선을 하거나 더 큰 권력을 얻으려고 하지 항상 공공의 이익을 위해 행동하지는 않는다.

25) 이는 아리스토텔레스가 개인이나 가계처럼 단일한 목적체계를 가진 조직 내에서의 자원배분 문제를 언급하면서 제시한 '이코노미Economy'와 대비되는 개념

이다. 카탈락시는 '적을 친구로 만들다'는 뜻으로, 하이에크는 이를 통해 시장경제란 서로 다른 가치를 가진 사람들이 공존하는 체제임을 설명한다.

26) 하이에크는 복지국가를 지향하는 국가들의 과도한 복지재정 지출에서 1970년대 경제위기의 원인을 찾는다. 영국의 대처주의, 미국의 레이거노믹스는 이 맥락에서 등장한다. 하지만 이러한 신보수주의나 신자유주의의 득세 이후에 고소득자와 중간계층 그리고 저소득자 사이의 소득 격차는 오히려 더 심화됐다.

27) 주지하다시피 윤리학은 규범윤리학과 메타윤리학으로 구분한다. 규범윤리학이 도덕적 실천을 목적으로 한다면, 메타윤리학은 도덕적 담론에서 사용되고 있는 개념들의 의미 분석이나 규범윤리학의 존립 가능성 등과 같은 지식의 획득을 목적으로 삼는다. 물론 스미스의 윤리학은 규범윤리학에 속한다. 그의 윤리학은 더 나은 사회를 달성하기 위한 전제로서 개인의 도덕적 실천이 목표였다. 구체적으로 스미스는 『도덕감정론』에서 덕성의 본질, 도덕적 판단의 기본원리에 관한 문제들을 논의한다.

28) 이에 반해 스미스는 야만사회, 즉 수렵사회와 목축사회 그리고 원시적 상태의 농업사회에서는 이런 현상이 일어나지 않는다고 말한다. "이런 사회들에서 각 개인은 다양한 일과 직업에 종사하기 때문에, 계속적으로 일어나는 곤란들을 제거하기 위해 자신의 능력을 발휘할 뿐만 아니라 그 곤란들을 제거할 방법을 발명하게 된다. 발명은 지속적으로 진행되며, 그의 정신은 (…) 우둔한 상태에 빠지지 않는다."(『국부론』, 5편, 1장)

29) 참고로 스미스에게 정치 혹은 국가의 역할은 맹자의 '인정론仁政論', 즉 왕도정치와 유사한 점을 보이고 있다. 맹자가 주장하는 왕도정치는 단지 도덕적 측면만을 강조하는 정치가 아니다. 양민養民을 바탕으로 교민敎民을 시행하며 나아가 위민爲民의 정치를 행하는 것이다.

30) 영국의 의사 겸 도덕사상가이다. 절약을 미덕으로 삼는 일반적 경제관에 반대해 인간의 도덕적 약점과 사욕 등에서 비롯되는 소비야말로 부의 증대와 실업의 해소 그리고 국가의 경제발전을 가져온다고 주장했다. 이 주장은 버클리와 같은 기성도덕의 옹호자들과 기독교인들을 격분시켰고, 그를 비난하기 위해 Man-Devil(인간 악마)로 부르는 이들도 있었다.

31) 유기체와 그 환경세계에 대한 생물학적 이론을 심리학과 사회학의 영역에까지 적용시켜 독자적인 행동이론으로 엮어낸 학자다. 자기(self)에 대해 주체아(主體

我, I)와 객체아(客體我, me)로 구별했는데, 객체아는 유아 때부터 차차 타인의 역할을 이해하면서 얻어지는 사회적 자아이지만, 개인은 별도로 자발적·능동적인 주체아의 면을 가지고 있으며, 이 양자는 함께 자기 안에 있으면서 서로 상대방을 규제한다고 보았다. 이러한 차원에서 개인과 사회는 상호 연관적이며, 역사 또한 거기서 형성된다고 보았다.

32) 스미스는 '호감어린amiable' 덕성과 '경외의awful' 덕성을 구분하고 있다. 전자는 인간애나 자혜와 같은 기독교적인 사랑의 덕성을, 후자는 무감각(냉담)에 기반을 둔 스토아적인 '자제'의 덕성을 뜻한다. 스미스는 호감어린 덕성과 경외의 덕성을 모두 겸비한 이를 지혜로운 자로 보았다.

33) 스미스는 이 절제의 덕성에 대한 예시로, 육체적인 통증에 대한 반응을 들고 있다. 예컨대 통증이 커서 울부짖게 되는 경우를 남자답지 못하다고 말하면서, 자기 절제가 부족하다고 표현한다. 고통에 대한 호소까지 절제의 반경 안에 둠으로써, 이 덕성은 경외감을 가져오게 되는 것이다.

34) 스미스에게 인정의 감정에는 고려해야 할 두 가지 사항이 있다. 관찰자의 공감적 열정과 그가 자기 마음속의 공감적 열정과 주요 당사자의 본원적 열정이 완전히 일치하고 있다는 사실을 앎으로써 생겨나는 감정이다. 인정이라는 감정의 적정한 요소인 두 번째 감정은 언제나 유쾌하고 매혹적인 감정이다. 하지만 첫번째 감정은 열정의 성격에 따라 유쾌할 수도 있고 불쾌할 수도 있다.

35) 스미스의 '진보improvement'나 '개선'은 인간의 이러한 성향에서 비롯되는 것이다.

36) 퍼거슨이나 흄도 신중함의 덕성을 이와 비슷하게 정의하고 있다. 퍼거슨은 신중함을 "환경에 적응하는 습관"(Ferguson, 1973)으로, 흄은 신중함의 목적에 대해 "인간의 행동을 일반적인 관행과 관습에 일치시키는 것"(Hume, 1978)으로 정의한다.

37) "행위의 의도에 의해서가 아니라 결과에 의해서 세상 사람들이 판단을 내리는 것이 덕성의 실천을 크게 방해하고 있다."(2부, 3편, 3장)고 스미스는 생각한다.

38) 스미스는 인간행위의 모든 동기가 오직 자기애나 이기심의 원칙으로 환원될 수 있다고는 생각하지 않았다. 인간의 이기적 성향이 분명 행위에 강한 영향력을 행사하지만, 그것만 가지고 사회 속에서 개인들 간에 발생하는 복잡한 사회작용과 행위를 모두 설명하기에는 역부족이라는 입장이다. 이기심은 인간본성 중 하

나일 뿐이다. 인간행위의 여러 동기들의 복잡성은 설령 이익과 관련된 경제적 교환에 관여할 때조차 이기적 동기에 의존하지 않는, 일련의 상호관계와 상호작용의 네트워크 속으로 들어가게 된다.

스미스의 자기애는 단지 개인적인 탐욕이나 이기심만을 뜻하는 게 아니다. 타인에게 해를 입히면서까지 자기이익에만 매달리는 불유쾌한 감정이 아니라, 신중함과의 연관 속에서 자신의 복지를 추구하려는 온당하고 적절한 관심이다. 이런 점에서 자기애는 자기보존을 향한 충동이자 인간본성의 가장 중요한 원리 중 하나인 '죽음에 대한 공포'와도 연결된다. 자기보존 욕구는 본성으로서 미덕도 악덕도 아니며, 곧 생존을 향한 욕구인 것이다. 하지만 이러한 생존욕구가 지나칠 때, 문제는 발생한다.

39) 정의라는 덕성에 대해 스미스와 흄은 견해를 달리한다. 스미스에게 정의는 '인간본성'의 산물인 반면, 흄에게 정의는 '인위적' 덕성이다. 하지만 정의가 행하는 역할에 있어서만큼은 서로 의견을 함께한다. 흄은 정의의 사회적 기능에 관해 이렇게 말한다. "오직 정의의 규칙만이 인간이 사회를 유지하게 하며, 대체로 자연 상태로 묘사되는 비참한 야만적 상태로 전락하는 것을 막을 수 있다. (…) 모든 인간이 사회를 유지하고 정의의 규칙을 준수하는 가운데 얻는 이익은 매우 크며, 이는 동시에 아주 원시적이며 미개한 종족도 알 만큼 명백한 사실이다. (…) 인간은 자기이익에 매우 진지하게 집착하며, 인간의 이익은 인간이 정의의 규칙을 준수하는 것과 깊은 관계가 있고, 또한 이 이익은 확실하며 공공연하다." 흄, 김성숙 옮김, 『인간이란 무엇인가―오성·정념·도덕 본성론』, 3편, 2부, 7절, 동서문화사, 2009 참조.

40) 반면 흄은 『도덕원리들에 관한 연구』(1751)에서 공공효용이 정의의 유일한 원천이라고 주장한다. 또한 처벌의 공평성을 효용이라는 관점에서 논의하고 있다.

41) 신뢰감과 관련해 스미스의 다음과 같은 언급이 있다. "진실, 정의 그리고 인간애의 실천을 증진시키기 위한 가장 적절한 보상은 무엇인가? 그것은 함께 살아가고 있는 사람들로부터의 신뢰, 존경 그리고 사랑이다. 인간애가 요구하는 것은 위대해지는 것이 아니라 사람들로부터 사랑을 받는 것이다. 진실과 정의가 즐거워하는 것은 부유해지는 것이 아니라 사람들로부터 신임과 신뢰를 얻는 것이다. 이것이야말로 그 덕성들이 거의 항상 획득하는 대가들이다."(3부, 5장)

42) 허영심의 정도가 지나치면 오만과 악덕을 초래할 수 있다고 스미스는 생각했다.

하지만 그 감정이 일방적으로 그릇된 감정이라고 생각하지는 않았다. 허영심은 '자제'라는 도덕감정과 교육에 의한 계몽을 통해 개인의 성공과 사회의 번영에도 기여할 수 있다.

스미스는 이렇게 말한다. "허영심이란 영광을 받을 만한 때가 아직 되지 않았는데도 미리 이것을 차지하려는 때 이른 시도일 뿐이다. 당신의 아들이 25세 이전에는 단지 멋쟁이일 뿐이라고 할지라도, 이로 인해 그가 40세가 되기 전에 대단히 현명하고 가치 있는 사람이 되지 못하고, 또 지금 과시적이고 공허하게 그런 척만 하는 재능과 덕성을 가지고 있어서 정말로 진정한 대가가 되지 못할 것이라 할지라도, 당신은 절망해서는 안 된다. 교육의 위대한 비밀은 허영심을 적절한 대상으로 나아가도록 한다. 그가 사소한 성취를 가지고 자신을 높게 평가하게 내버려둬서는 안 된다. 그러나 정말 중요한 일의 성취에 대해 그가 자부심을 가지는 것을 억제해서도 안 된다."(6부, 3편) 허영심을 가지고 있는 사람에 대해서라고 할지라도 스미스는 정말로 중요한 일의 '성취'가 지니는 가치를 잘 알고 있다.

그래서 스미스는 이렇게 덧붙인다. "그러한 것들을 소유하고자 진지하게 욕구하지 않았다면, 그는 그러한 성취들을 위해 감히 행동하지도 않았을 것이다. 이러한 욕구는 고무해주어야 한다. 그러한 획득을 용이하게 해주는 모든 수단들을 그에게 제공해야만 한다. 그리고 때로는 그가 마치 그것을 획득하기 전에 획득한 것처럼 행동할지라도 지나치게 화를 내서는 안 된다."(6부, 3편)

43) 스토아철학의 '아파테이아'는 마음의 평정을 위해 감정이나 열정이 없는 상태를 뜻한다. 스토아철학에서 중요한 덕성이다.

44) '아파테이아'에 대한 스미스의 비판은 이렇다. "과도한 표출에 의해 타인의 감정을 상하게 하기 쉬운 애정은 비록 과도하게 나타난다고 한들 비난할 만한 것으로 보일지는 몰라도 결코 혐오할 만한 것으로 보이지는 않는다. 우리는 부모의 과도한 애착과 배려를 궁극적으로는 그들 자식에게 유해한 것으로, 그리고 (…) 그 부모에게 과도하게 불편한 것으로 비난한다. 그러나 우리는 (…) 그것을 용서하며, 결코 증오와 혐오의 감정으로 보지는 않는다. 하지만 일반적으로 과도하게 표출되는 이러한 애정이 부족한 경우에는 언제나 특별한 미움을 사게 된다. 자신의 자식들에 대해 그 어떤 감정도 느끼지 않으면서 모든 경우에 터무니없는 엄격함과 가혹함만을 가지고 대하는 사람은 모든 동물 중에서도 가장 혐오할

만한 짐승으로 보인다. 적정성에 대한 감각은 우리가 가장 가까운 친척의 불행에 대해 자연스럽게 느껴지는 예외적 감각을 전적으로 근절할 것을 우리에게 요구하는 게 아니다. 보통 사람들은 그러한 감각의 과도함에 대해 분개하기보다는 그러한 감각의 부재에 대해 훨씬 더 분개한다."(3부, 3장) 스미스는 이렇게 '적정성에 대한 감각'을 달리 해석함으로써 스토아철학의 '아파테이아'에 대해 동의하지 않는다.

45) 역사를 이념이나 정신의 발전으로 이해한 헤겔과는 달리, 스미스는 역사의 발전을 사실상 유물론적 입장에서 이해하고 있다. 물론 스미스가 마르크스와 같은 역사 유물론적 인식을 지니고 있던 것은 아니다.

46) 비록 스미스가 부와 권력을 추구하려는 가난한 사람의 행복에 관해서만 언급하고 있지만, 그의 행복관은 부자와 권력자에게도 동일하게 적용된다. 부자는 더 많은 부의 축적을 위해, 권력자는 더 많은 권력의 획득을 위해 진력할 뿐이다.

47) 공정한 관찰자의 판단도 때로는 세상 사람들의 영향을 받아 실수를 저지를 수 있다. 이 경우에 인간은 신의 심판에 의지한다. 스미스는 종교의 기원을 세상 사람들과 공정한 관찰자의 판단에 대한 인간의 불만에서 찾고 있다. "이러한 경우에 실의와 고난에 빠진 사람에게 유일하게 효과적인 위로의 방식은 더 높은 법원에 상고하는 것이다. 즉, 모든 것을 보고 있는 이 세계의 재판관, 그의 눈을 결코 속일 수 없으며 그의 판단은 결코 잘못될 수 없는, 재판관의 법원에 제소하는 것이다. 이 위대한 법정에서 그의 무죄가 적정한 시기에 밝혀지고, 그의 덕성은 최종적으로 보상받는다."(3부, 2장)

48) "실제로 발생하지 않은 감정"이란 지혜로운 사람이 한 행동의 자연스럽고 일반적인 효과이기는 하지만, 단지 대중의 무지로 인해 발생하지 못하는 감정을 뜻하기도 한다.

49) "아버지가 없는 세상"이란 의지할 데 없는 고독한 세상에 대한 스미스의 비유다.

50) 참고로 흄에 의하면, 관습은 우리의 열정을 증감시키고, 쾌락을 고통으로 고통을 쾌락으로 전환시킨다는 점에서 인간정신에 큰 영향력을 행사한다고 볼 수 있다. 그는 이렇게 적고 있다. "습관은 정신에 두 가지 본원적인 영향을 미친다. 첫 번째는 어떤 행동을 수행하거나 어떤 대상을 표상할 때 수월함을 부여해준다. 두 번째는 그 행동이나 대상을 향한 경향이나 의향을 정신에 부여한다." 흄, 김성숙 옮김, 『인간이란 무엇인가: 오성·정념·도덕본성론』, 2편, 3부, 5절, 동서문화사,

2009 참조.

51) 스미스는 이 단어를 침착, 냉정 혹은 중용으로 번역하는 것이 더 적절하다고 생각한다.

52) 플라톤이 『국가』에서 언급하는 네 가지 덕성들은 지혜, 용기 절제 그리고 정의다.

53) 스토아철학과 스미스에게 자연은 '우주의 위대한 안내자'이자 '의사'이다.

54) 허치슨은 저서 『도덕적 선과 악에 관한 연구An Inquiry concerning Moral Good and Evil』(1725)에서 '도덕적 선함'을 행위자에게 인정과 호의를 초래하는 행동에 들어 있는 어떤 자질로 정의한다. 하지만 여기에는 중요한 전제가 깔려 있다. 바로 행위자가 행위를 통해 어떤 이익도 받지 않는다는 것이다. 허치슨은 홉스와 맨더빌과는 대조적으로 도덕(성)을 이익이나 이기심과는 명확하게 분리시킨다.
허치슨은 자신의 의도가 도덕적 선함과 악함의 본질에 놓인 일반적 토대를 발견하려 함에 있다고 주장한다. 그래서 그는 이 토대를 모든 인간이 가지고 있는 '도덕감각'에서 찾는다. 그는 행동에 대해 호감어리거나 불쾌한 생각들을 받으려는 우리 정신의 결심으로 도덕감각을 정의한다. 이때 결심은 의지와는 상관없이 일어난다는 점에서 본의가 아니다. 그는 이성의 작동이 행위들을 지시하는 데 너무 느리며, 의심과 망설임으로 가득 차 있다고 본다. 그런 까닭에 인간의 행위를 지시하는 것은 이성에 앞서 작동하는 도덕감각이란 논지다. 물론 스미스는 허치슨의 이러한 생각에 대해 반대한다.

55) 효용과는 달리, 흄과 스미스는 모두 공감을 도덕의 주요한 원천으로 생각한다. 흄에게 공감은 도덕적 구별의 주요한 원천이다.

56) 제6장의 맨더빌에 대한 각주를 참조할 것. 나아가 그는 분업의 효율성을 주장했으며, 기존의 도덕관념으로는 악의 뿌리라고 생각되던 돈이 시민사회의 질서를 위해서는 반드시 필요하다고 주장했다.

57) 맨더빌의 견해에 따르면, 도덕적 가치들은 아첨이 교만함을 낳는다는 정치적 결과물이다. 그가 보기에 덕성을 지지하는 모든 사람들은 위선자에 불과하다. 허치슨의 '도덕감각' 개념은 맨더빌의 이러한 관점을 비판한다. 허치슨은 '도덕적 선'을 행위자를 향한 인정과 사랑을 초래하는 행동들 속에서 감지되는 어떤 자질에 대한 우리의 생각으로 정의하고 있다. 행위자는 행동을 통해 그 어떤 이익도 받지 않는 사람이다. 홉스와 맨더빌과는 대조적으로 허치슨은 단호하게 도덕(성)을 이익이나 이기심과 분리시킨다.

58) 케임브리지플라톤학파의 일원으로, 신비적이고 이성적인 플라톤주의의 입장에서 홉스와 스피노자로 대표되는 유물론적 무신론을 논박해 신의 영원한 지성을 옹호했고, 결정론에 대해 인간의 자유의지를 확증했다.

59) 스미스를 비롯한 스코틀랜드 계몽주의자들은 이성을 전적으로 무시한 것은 아니지만, 대체로 인간이성에 대해 절대적 신뢰감은 보이지 않고 있다.

60) 도덕성의 일반적 규칙의 형성을 '감정'이라는 관점에서 설명하고 있다는 점에서, 스미스는 흄과 비슷한 견해를 지닌다고 하겠다. 흄은 『인성론』에서 도덕적 구별의 원천은 이성이 아니라고 주장한다. 덕성이 이성과 일치한다는 주장에 대해 그는 이렇게 말한다. "이런 주장에 대해 판단하려면, 우리는 오직 다음과 같은 것을 고찰하면 된다. 즉, 오직 이성만으로 도덕적 선과 악을 구별할 수 있는가? 아니면 도덕적 선과 악을 구별하는 데는 그밖에 다른 원리도 있어야 하는가? (…) 철학은 보통 사변철학과 실천철학으로 나뉜다. 도덕성은 언제나 실천철학에 포함되기 때문에, 우리는 도덕성이 인간의 정념과 행동에 영향을 미치고, 오성의 차분하고 냉정한 판단을 넘어서는 것으로 가정한다. 이것은 일상적인 경험을 통해서도 뒷받침된다. 인간은 흔히 의무의 지배를 받고, 불의라는 생각 때문에 어쩔 수 없이 본래 의도와 다른 행동을 할 때도 있다. 이렇게 도덕은 행동과 정념에 영향을 미친다. 결과적으로 도덕은 이성에서 유래될 수 없는 것이다. (…) 도덕은 정서를 환기해 어떤 행동을 일으키거나 억누른다. 이런 점에서 이성 자체는 전혀 힘이 없다. 따라서 도덕성의 여러 규칙들은 결코 이성의 결론이 아니다." 흄, 김성숙 옮김, 『인간이란 무엇인가: 오성·정념·도덕본성론』, 동서문화사, 2009, 496~497쪽 참조.

61) 스미스는 "도덕의 일반적 격률들은 다른 모든 일반적 격률들과 마찬가지로 경험과 귀납으로부터 만들어진다"(7부, 3편, 2장)고 적고 있다.

62) 흄에게도 이성은 열정의 도구일 뿐이다. 스미스에게서와 마찬가지로, 이성은 인정의 원리와 관련해 큰 역할을 맡지 못한다.

인간과시각 03

이기적인 개인, 공감하는 도덕
애덤 스미스『도덕감정론』의 한 읽기

1판 1쇄 발행 2016년 11월 10일
1판 2쇄 발행 2017년 5월 30일

지은이 | 조현수
펴낸이 | 정규상
출판부장 | 오종우
편집 | 현상철 · 신철호 · 구남희
마케팅 | 박정수 · 김지현
관리 | 황용근 · 박인붕
펴낸곳 | 사람의무늬 · 성균관대학교 출판부
주소 | 03063 서울특별시 종로구 성균관로 25-2
등록 | 1975년 5월 21일 제1975-9호
전화 | 02)760-1252~4 팩스 02)762-7452
홈페이지 http://press.skku.edu

ISBN 979-11-5550-191-7 03190
값 15,000원